贵州省高等学校人文社会科学研究基地学术文库
贵州省高等学校人文社会科学研究基地建设项目资助
全国教育科学“十二五”规划2015年度教育部重点课题（适应个性化教学的教师文化研究DAA150206）阶段成果
贵州师范学院2014年博士项目（幼儿园课程范式的变革研究14BS004）阶段成果
贵州省高校人文社会科学研究基地项目（贵州省特殊学校义务教育课程政策执行现状研究2015JD087）阶段成果
首届贵州省哲学社会科学青年学术创新人才项目（黔教社发〔2015〕335号）
贵州省高等学校“专业综合改革试点”项目（特殊教育）（黔教高发〔2014〕378号）阶段成果

大学生学习方法与指导

王中华　编著

中国财富出版社

图书在版编目（CIP）数据

大学生学习方法与指导/王中华编著．—北京：中国财富出版社，2016.8（2024.8 重印）

（贵州省高等学校人文社会科学研究基地学术文库）

ISBN 978-7-5047-6255-9

Ⅰ.①大… Ⅱ.①王… Ⅲ.①大学生—学习方法 Ⅳ.①G642.46

中国版本图书馆 CIP 数据核字（2016）第 209486 号

策划编辑	郑欣怡	**责任编辑**	黄正丽		
责任印制	尚立业	**责任校对**	梁　凡　张营营	**责任发行**	敬　东

出版发行	中国财富出版社		
社　　址	北京市丰台区南四环西路 188 号 5 区 20 楼	**邮政编码**	100070
电　　话	010-52227588 转 2098（发行部）		010-52227588 转 321（总编室）
	010-52227566（24小时读者服务）		010-52227588 转 305（质检部）
网　　址	http://www.cfpress.com.cn		
经　　销	新华书店		
印　　刷	北京九州迅驰传媒文化有限公司		
书　　号	ISBN 978-7-5047-6255-9/G·0665		
开　　本	710mm×1000mm　1/16	**版　　次**	2017 年 6 月第 1 版
印　　张	10.5	**印　　次**	2024 年 8 月第 6 次印刷
字　　数	172 千字	**定　　价**	48.00 元

前　言

《大学生学习方法与指导》是我在从事教学的基础上，参考一些前辈关于大学生学习方法方面的著作编写而成的。通过近些年来教学的经验与实践，我发现大学生学习方法对大学生学习具有一定的指导性作用，特别是对大学一年级学生学习计划的制订、学习方法的寻找、学习能力的提高大有裨益。

然而，目前一些关于大学生学习方法与指导方面的书籍显得有些过时，没有增加关于自学方面和信息化时代学习的内容。基于上述理由，笔者认为有必要编写此书。

本书共三个部分八章。主要围绕“为什么学习”“什么是学习”和“怎样去学习”展开。

第一章主要思考在今天大学生为什么需要学习，不仅是科技发展的要求，也是就业的需要，更是适应社会的需要。第二章主要从中国古代学习思想入手，探讨教育心理学学科中的学习思想。第三章主要思考学习过程中的五大定律，即记忆遗忘律、学思结合律、序进累积律、学习迁移律和知行统一律。第四章主要探讨当代的学习观，主要谈及自主学习观和终身学习观等当代比较重要的学习观。第五章主要介绍什么是大学生学习目标以及大学生学习目标的制订和注意事项。第六章谈到核心素养以及大学生核心素养的培养。第七章主要探讨大学生非智力因素与学习的关系，并讨论如何利用非智力因素进行学习。第八章主要探讨大学生的学习方法，包括记忆方法、应用方法等。

总之，本书希望通过提供一些学习的基本规律和学习策略，能够让读者思考为什么学习、如何去学习等问题，助推读者在学习道路上获得更好的发展和成功。

编　者

2016 年 6 月 3 日

目　录

第一章　大学生为什么需要学习

第一节　大学生需要学习的理由

一、学习是科技迅猛发展的客观要求

在今天，知识总量的递增速度越来越快。人类知识总量在19世纪每50年翻一番，20世纪初大约每30年翻一番，20世纪50年代每10年翻一番，20世纪70年代每5年翻一番，20世纪末每3年翻一番。人类的发明在16世纪有26项，17世纪有106项，18世纪有156项，19世纪有540项，20世纪头50年有961项，而60年代到70年代的发明超过过去两千年的总和。

目前人类知识的半衰期如下：地理学16年，地质学11.8年，数学10.5年，化学8年，生物学7.2年，机械学5.2年，社会学5年，物理学4.6年，冶金学3.9年，生物医学3年，计算机技术8个月。

20世纪90年代科学技术的新发明、新发现，比过去2000多年的总和还多。科学文献按指数增加，每隔5～6年翻一番，科学知识的年增长率达到了12%左右，产生了众所周知的“知识爆炸”现象。伴随而来的是知识老化的加速，知识陈旧的周期从20世纪初的30年缩短为10年，某些学科已缩短到4～6年。国外的调查表明，一个人在大学学习期间只能获得10%的有用知识。美国NIH（国家健康研究院）数据库中85%的数据寿命只有5年，工程师有用知识的半衰期也只有5年，一份《纽约时报》包含的信息等于17世纪一个人一生所获得的信息。

当前学科门类已达2000多种，基础学科有500个以上主要专业，技术

科学有 412 种专业领域，科学文献按指数增长，每隔 10～15 年翻一翻，科学知识年增长率在 20 世纪 90 年代已达到一个较高的速度。

1995 年，知识总量每 3 年翻一番，到 2020 年，世界的知识量每 73 天增长一倍。今天已知的科学的信息量相当庞大，科学知识正以史无前例的速度增长。任何人要跟上它都是不可能的。霍金在 1998 年白宫千年晚会上发表演讲时曾说，“如果科学知识仍然以现在的发展速度增长的话，到 2600 年，如果你将新书依次摆放的话，你要以每小时 90 英里（144 千米/小时）的速度行走才能跟上新书出版的速度”。即使是世界上最博学、最聪明的科学家也无法记住所有的科学知识，更不用提科学知识本身就在进行新旧更替，人们也在不断提出新的、更为合理的认识。一些事实性的知识也在随着人们认识手段的提高而得以修正，如人们刚开始时认为人的染色体数量为 48，后来实验手段提高后人们发现这个数量是 46。

那么在这个知识爆炸的时代，应当如何学习才能适应随之而来的挑战呢？中国有句古话叫“授人以鱼，不如授人以渔”，说的是传授给人既有知识，不如传授给人学习知识的方法。道理其实很简单，鱼是目的，钓鱼是手段。一条鱼能解一时之饥，却不能解长久之饥，如果想永远有鱼吃，那就要学会钓鱼的方法。既然将所有的科学知识传授给孩子已无可能，又无必要，就不如教孩子学会如何学习。

从 20 世纪五六十年代起，美国开始进行的科学教育改革中，就提出了探究式教学方法，而这种方法又被引进到法国、德国、中国等其他国家，目前仍然是教育界提倡的方法。简单来说，探究式教学法就是让孩子动手在“做”中学习。

在探究式教学方法占主导地位的课堂上，教师将给孩子准备适合的探究材料，孩子们通过动手实验，获得对事物的认知，教师只是从旁引导。孩子从传统教学中的接收者转变成了发现者。

习近平同志在中央党校 2009 年春季学期第二批进修班暨专题研讨班开学典礼上做了题为《领导干部要爱读书读好书善读书》的讲话，旁征博引，针砭时弊，非常精彩，值得学习。讲话指出：“当今世界，科学技术日新月异，知识经济方兴未艾，知识总量呈几何级数增长，知识更新速度大大加快，近 50 年来人类社会所创造的知识比过去 3000 年的总和还要多。”科学技术迅猛发展，人类社会日新月异，知识总量确实蔚为壮观。或许，我们还要在管理和运用知识上更加明智一些。因此，学习成为一种必然趋势。

二、学习是适应社会的客观要求

学习是社会发展的客观要求。达尔文进化论早就提出了“适者生存”的理论。当社会上人人都在学习的时候，那么我们就需要根据社会的要求，去适应社会。只有这样才能在社会中获得更好的发展。正如成功学大师陈安之所指出的：“改变”是一切进步的起点，“学习”是改变成功的因素。

别再缅怀过去，趁着我们还有时间，去学习我们能学会的事。只有这样，我们才能拥有良好的观点，得以衡量我们所经历过的变化究竟是正面的还是负面的，而且我们所衡量的依据不再是恐惧，反而会是某种机会意识。

三、学习是一种风尚

自从彼德·圣吉的《第五项修炼》风靡世界以来，学习之风就开始盛行。很多相应的培训机构和产业如雨后春笋般发展壮大起来。在一些大城市，到了周末，很多老板、经理人及各类专业人员都变成了学员，到处听课。思想、经验交流式的沙龙也越办越多。还有很多工薪白领为更好地规划自己的职业生涯，不停地为各种证照、文凭奋斗。学习在国内的一些发达城市，特别是沿海地区，已成为一种风尚，并逐渐像波浪一样地延伸至内陆地区。

学习是“创新应变之道”理念也已深入人心。如何建立学习型组织也经常挂在一些老板和职业经理人的嘴上。学习显得很时髦，大家似乎在比谁学得快，因为《第五项修炼》中特别谈到，在飞速变化和更新的信息时代，要想比别人、别的企业更有竞争力，你就得比别人学得快。先学习者肯定先受益。

在上面理念的推动下，我们确实受益颇多。但随着学习理念的普及，问题也随着环境的变化而逐渐暴露出来，对有些观点的质疑就显得比较急迫了，大概有如下几种问题。

（1）学得多学得快，消化吸收能力却较弱，学习的能力和效率却较低。

（2）学习的理念和理论体系很多，但在企业实际变革时却难以致用，反而把企业搞垮搞乱了。

（3）人们模糊了知识和能力的概念，误认为知识就是能力，出现大量“高知低能”的学员。

（4）到处听课到处学习，上不同的 MBA（工商管理硕士）总裁班、EMBA（高级管理人员工商管理硕士）总裁班，听不同种类不同风格的课，投入的成本越来越高。

现代社会的发展一直在要求我们找到并秉持一种既经济又高效的学习方法和教育方法，以节省我们有限的时间成本（即生命成本）和其他有限资源成本。因此，在信息时代、知识经济时代，我们似乎并不缺乏知识，也不缺少学习，真正缺少的是我们的消化吸收能力、解码能力、融通能力和深度分析能力，而这一切都可以归结到我们的思维能力！

四、学习是辨别真假知识、真假经验的重要路径

现在听课的机会很多，学习是永无止境的，有时是自愿的，有时是被环境推动的。但不论怎样，我们都会选择较适合自己需求的课程去听，现在的课程类别也很多，如讲励志和成功学的、战略管理的、市场营销的、人力资源的，还有现在很热门的讲执行力的、细节管理的，等等。讲师们传播的知识和经验都很丰富，举出的案例绝大部分都是国际国内知名企业的成功史。我们没有理由拒绝其巨大的诱惑，我们甚至毫无疑问地认为只要学习和掌握了这些成功案例中的经验，我们就会像他们一样功成名就。

但事实上，作为学员来说，我们脑子里充满了各类知识体系、各类经验及各种新的理念，却无法像他们那样有成就，甚至连他们的十分之一、百分之一都做不到。为什么会这样呢？经验有真假，知识有真伪吗？还是传播知识的讲师们犯了不该犯的错误？

信息时代，我们每时每刻都会接收到大量信息，这些信息全都对我们有实际作用吗？我们是否必须针对性地及时做出选择？再者，就知识更新和产生速度来看，我们学习的进度能赶上其产生的速度吗？知识有总量

吗？如果答案是否定的，那么我们不得不做出选择，不得不有所为有所不为，信息时代发展到现在这个阶段，已不是获取多少的问题，而是选择的问题、融通的问题！

五、大学生就业的必然性

当前，大学生就业情况不容乐观，特别是部分专业的就业总会出现这样那样的问题。诸如学者所指出的：①就业心理准备不足，自我角色转换不够及时。对于80%的学生来说，大学阶段过的是一种单纯而有保障的生活，学习、生活、交际都较有规律，这样的生活与现实社会自然存在一定的距离。在大学生活结束之际，踏上工作岗位之前，最重要的就是能够迅速完成自我角色转换，做好就业心理准备。要摆正自己的位置，客观、冷静地进入求职状态，认识社会，了解社会，以自身的实力，积极主动地适应社会需要。②自我认识、自我了解不够准确。个性是个体统一的心理面貌，是指人的心理活动中那些稳定的、具有个人特色的心理特征与心理倾向组合成的有层次的动力整体结构。它以个体稳定的行为模式与态度体系表现出来。能力、特长应包括教育培训的程度，因为教育和培训可以转化为能力、特长。能力是求职择业以及事业成功的重要保证。③择业过程中的心理素质参差不齐。人们在求职择业中遇到挫折是正常的，切不可因此而自卑。一个心理健康的人对人生总保持着自信心，如果丧失了自信心，就失去了开拓新生活的勇气，逆境中更需要自信心的支持，但是部分学生缺少这些抗挫折力。

为进一步推进就业，提高自身的就业能力，大学生需要加强学习，提高知识与技能，拓展自己的学习能力和明确学习意义，从而加强就业。

第二节 学习的意义

一、有助于提高人们学习的自觉性和主动性

“学习”即人自身的发展和自我改造，是人类实践活动的内容和任务之一。这说明了学习在社会发展中极其重要的社会地位和作用。唯物史观

认为，人类的历史就是一部实践活动和劳动发展史，实践活动是人类的基本的生存方式，由此推论，人类的历史也是一部学习史，学习也是人类的生存方式。社会越发展，人类的学习活动就越重要。学习活动与外部世界的发展不同，但又是不可须臾离开的相辅相成、相互作用的方面。在现实生活中，伴随着社会发展的历史潮流，人们也在不同程度地发展。但大多数人的发展是一种没有充分认识自身发展必要性及发展规律的，不自觉的片面的发展。在许多人看来，一提发展，就只是物质的发展、财富的发展、金钱的发展、生活的发展、享受的发展，却从来不去主动考虑人自身如何发展。他们中的许多人虽然也在学习，但其学习心理和学习态度则大多数是迫于社会、家庭和他人的种种压力，把学习当作一种谋取私利和个人地位的活动。今天生活中的许多人的学习仅仅是为了一张文凭。如果不通过学习而通过其他非正当手段可以获得文凭，将有一些人铤而走险。这些人一旦文凭、地位、利益到手，也就不再学习。还有些人仅仅把学习看作学校学生的事情，离开学校之后，学不学完全是个人自愿的事情。造成这种状况的原因除深刻的社会根源之外，从世界观和人身价值观的角度以及认识的角度分析，学习者认识不到学习在社会生活大坐标中的重要位置、认识不到人自身的发展是社会发展中必不可少的重要内容、认识不到人自身的发展对社会的发展的重要意义、认识不到社会发展中的两个方面的辩证统一关系则是造成学习者极端轻视和忽视学习的内在原因。

二、有助于大学生认识自身素质、能力的提高和主体性的增强

主体性是哲学理论界 20 世纪 80 年代到 90 年代讨论和研究的一个热门话题。绝大多数哲学工作者都承认马克思主义的科学实践观体现了人的主体性原则。所谓主体性，就是实践者实践过程中体现出来的自觉性、主动性、独立性、为我性、创造性等。但不是每一个具体实践的人在具体的实践活动中都具有主体性，或者说主体性都完全相同。就人类的历史发展来说，今天人们的主体性就要大于历史上人们的主体性，但并不是说，今天的某个具体的人的主体性就比以往历史上的某个具体的人的主体性强。今天现实生活中的每一个人的主体性也不完全相同，而人发展的最主要的内容就是在实践过程中成为主体以及不断增强主体性。一个国家的人们作

为群体要增强主体性，一个民族的人们要增强主体性，一个政党的基本成员要增强主体性，每一个具体的人也要增强主体性。人们学习的最直接或者说最终的目的（就自身而言）就是使自己成为主体并不断增强主体性的过程，人的基本素质和能力的提高、发展就是主体性增强的具体表现。

三、有助于大学生认识学习的全过程

在现实生活中，人们一提学习，往往只是从获知的角度去理解它，把学习的全过程仅仅看作"从不知到知"的过程。在这种观念的支配下，许多人在学习过程中，侧重点往往放在如何"记"知识、"知"知识上，往往把大脑当作储存知识的仓库，不去或很少考虑把储存的知识转化为自身的素质和能力。因而许多知识学是学了，自身的素质和能力却并没有提高。每一个学习者，特别是在校大学生更要在知识的理解、消化、内化方面下功夫。因此这一认识有助于克服对学习过程的片面认识，正确和全面认识学习的全过程及其所要解决的两个基本矛盾，从而提高学习的质量。

四、有助于认识学习的多种途径、形式和方法

由于人们仅仅把学习归结为从不知到知的过程，导致在学校的途径只是归结为一种途径，即从书本上学习的途径。这也是对学习的一种片面认识。这种片面认识也是阻碍人们学习深入和提高的又一个原因。学习是通过多种途径、形式获取知识并转化为能力的过程，实际上指出了学习不仅仅要从书本上获取知识，更重要的是还要从生活中、实践中获取知识，同时把知识转化为素质和能力。

五、大学生生存论上的意义

1. 为了生理需要

人存在的本质意味着人与学习不可分割，即人通过学习与外界世界相互交往，这是人们生存与生活的方式。在人类的原始社会时期，可以找到

学习的意义最单一的源头，达尔文的进化论也讲到优胜劣汰，适者生存等理论观点，我们可以理解为人存在就意味着要学习，这是由周边的环境所决定的，也可理解为学习是人的一种生命本能，如同繁衍生息、呼吸、饮食是人基本的物质或生理需要。原始社会时期人们尚处于发展的低级阶段，一切的活动都属于无意识的、无须意志努力的学习，是最简单的学习。

2. 为了竞争与发展

人是拥有思维能力的最高级领导者，通过学习，可以开发自己的大脑资源，让自己越发地富有聪明才智、创造力、想象力，这样才有利于长远目标的发展，使自己成为一名优秀的人才，成为对社会有用的人，高素质的人。在竞争环境资源的过程中，学习使自己有能力生存下来，在社会上有自己的一个角色、一个位置，避免被淘汰。同样，在科技高度发达的当今社会，人们面临越来越高要求的挑战，不断超越自己，提升自己，在竞争激烈的压力下，有利亦有弊。以我国的教育制为例，在经济条件有限的情况下，面临贫富差距、社会分阶层等现象，人的个体之间是相对不平等的，这是既定的事实，义务教育中的教育公平化是有一定难度的，只是相对的公平，并且效果要依靠远瞻，不会即时显现。俗话说“人往高处走”，学习、受教育和高学历已经变为人们登高、成为人上人的重要途径，尤其对大学生接受高等教育来说，大学生是在接受了基础教育后，经过高考的筛选，走入大学来获得自身对真知渴求的需要，满足自我提升与自我超越的需要，获得更高的发展，不断地创新与超越，引领自我与社会不断进步，这是高等教育的真正意义所在。因此，在一个分层化越来越清晰、越来越严重的社会大背景下，接受正规的教育，追求高学历，是为了更好的发展，在激烈的竞争中获得较好的生存条件。然而，过度地求高会带来一些极端的后果：为了谋生、高薪而学习，为了物质欲望而学习，而忘却了学习的本性，忘却了人性的本质。

3. 经济条件是人类发展的基础

学习需要硬件条件，规范性的学习即教育，教育是建立在一定的人力、物力条件上的，因此对经济条件的要求是必要的，即需要经济的支持，相反，知识又促进经济的发展，俗话说“知识就是力量，知识就是财富”，要达到这一良性循环一定要靠学习。当然，一定要在温饱问题已经解决的基础之上，因为按照马斯洛需要层次论来看，这是较高级的精神、社会性需要。基于此，可以看出学习的经济价值。

综上所述，为了生存，无论在物质生理需要，还是在精神心理需要上，人类为了温饱，也为了追求更高更好的发展，实现自我价值，都必须认清学习的意义。

思考题

1. 大学学习的意义何在？
2. 大学生为何需要学习？

拓展阅读

为什么越成功的人越热衷于学习

一、成功需要学习

成功需要学习，学习有两种方法：一种是自己摸索，一种是使用别人证明有效的方法。你是选择哪一种？哪一种比较有效、快速？而别人证明有效的方法在哪里？

二、节省时间

我们学习、上课是学习使用别人证明有效的方法，帮我们快速成功。看书也可以，可是看完一本书需要花多少时间？就算三天，通常看书只能学习到一两个重点，或者三五个重点。计划一下你看完一本书，能学到多少重点，并能够学以致用？

课程就是给你一套成功者已经证明有效的方法，前人走过的路，在课程中总结给我们。假如你可以知道，是不是可以节省很多时间？一本书看完可能只知道几个重点，那看完很多书，还要总结起来，那么组合起来的知识就很多了。

三、学习就要不断地上课

举个例子，假如今天一个人没有学习，在外面用自己摸索的方法，有没有可能投资会失败？会不会因此损失几个顾客？有些顾客本来想买的，由于你不懂成交方法，所以没有成交，那有没有损失顾客？或者开公司本来应该会成功的，但他不懂经营管理，失败了，有没有损失？

你不来上课，用摸索的方法，损失了很多钱。那么损失顾客、投资失败、开公司倒闭，这些损失的钱，有没有超过需要投资学习的钱？

如果参加了培训，就可以学到一些方法，可以少走很多弯路，能快速创造财富。这样有没有省钱？上课学到的方法，可以帮你成交很多顾客，本来不会成交被你说服成交了，是不是节省一些浪费的金钱？而看书就算你看二十本书，能否学到这样的知识？而且看书你不一定能看懂不一定能学会运用，更不一定组合得起来。如果你上课就可以快速学到这些知识，是不是让你节省很多时间？要是你先学会这些知识，会不会赚更多钱？所以说，你不学习就是浪费时间，学了可以多赚钱，学习是投资，不是浪费钱。

四、人之所以没有成功，是因为他有盲点

比如我们平时找一件东西，但怎么也找不到，后来才发现，原来一直在你面前，为什么会这样呢？那是视觉上的盲点。

你再怎么看书，你却只看到懂的东西，你画的重点，其实都是你早就懂的东西，你有没有这种经历？

所以你看 100 本书，也没有学到什么东西，因为你学到的都是旧的。你只是觉得有道理才画，而真正不懂的东西你都没有看到而跳过了。因为人有盲点，所以遇到问题不要自己学习，不要自己找答案，不要自己寻找，要让别人来帮你寻找。

经常就是这样，我们平常不觉得自己有问题，但别人一来，就发现你有问题，有没有这种事？正所谓旁观者清，许多大企业为什么要请“外脑”，其实“外脑”本身没有老板会开公司，外脑本身没有老板能干，但外脑本身不是企业的人，他通过外界的眼光，来看企业内部，可以看到企业内部人看不到的事情。

所以，遇到问题，不要自己寻找答案，因为你有盲点，但可以通过上课，通过旁人的角度，通过讲师的讲解，让你发现原先研究不出看不到的事情。

五、上课营造了一个成长的环境

一个人本来不会抽烟，而他在一群会抽烟的人身边，久而久之，他也学会抽烟了；一个人没有目标，没有行动力，可是他在一个成功的环境里，这些人有目标，有行动力，久而久之，耳濡目染，他也会变成有目标，有行动力的人。在课堂里认识的都是一群渴望成长渴望把自己企业做强做大的企业家。在学习的同时，也掌握了一批优质的人脉资源。

很多人一直不了解上课是为什么？上课就是寻找一个好的环境，让自己投入到工作中，让自己全面成长，让自己回到原来的环境中用学到的东西去发挥出超常的能力。

六、超越竞争对手

你想不想超越你的竞争对手？假如你的竞争对手懂得跟你一样多，那么你们两人就势均力敌；假如你可以懂得一些成功的方法，推销的方法，管理的经验，并且是你的竞争对手不知道的，你就有了超越他的机会！

七、每个人的差别在大脑

“要富口袋，先富脑袋。”大部分人后半生的差距就是前期投资的差距，学习那不叫花钱，而是投资，放长线钓大鱼！可能今天你来上课，另一个人不来上，一两天甚至一两个月都没有太大差距，但是一年之后两人就有天壤之别了。

一个人成功，不在于你赢过多少人，而在于你与多少人分享，帮过多少人。你分享的人越多，帮过的人越多，服务的地方越广，那你成功的机会就越大。

第二章　学习的基本理论

第一节　中国古代的学习思想

一、关于学习本质认识的思想

在中国古代，“学”和“习”原是两个单音字，是对社会生活中的“学”和“习”两种现象的概括。最早把“学”和“习”两个单音字联系起来使用的当推孔子。孔子根据数十年治学的经验体会，说：“学而时习之，不亦说（悦）乎?”但这里他只是把两个字联系起来，还未能组合成一个复合词。由西汉礼学家戴圣编纂的《礼记》一书中的《月令》一篇中有“鹰乃学习”一语，这可能是把“学”“习”二字结合在一起组成一词的真正来源。这说明古人已经开始注意到学习是一个完整的过程。但在说明解释学习现象时往往还是把“学”和“习”作为两个概念、两种求知方法。《说文解字》中说：“学，觉悟也……习，数飞也”。用现在的话说，“学”就是使人获得知识，有所启示，提高认识。“习”就是像鸟儿来回飞翔一样，反复运用知识，形成技能技巧。

二、关于学习作用的思想

中国古代学者在探讨“学习”的本质的同时，对学习的价值和社会作用也有许多丰富的思想和深刻的论述。

首先，学习在于获取知识和技能。中国古代曾经有过“人的知识是从哪里来”的争论：一种主张“生而知之”，另一种主张“学而知之”。孔子主张后者。他说：“我非生而知之者，好古，敏以求之者也。”“吾十有五而志于学……七十而从心所欲，不逾矩。”正如他的学生子贡所说：“夫子焉不学，而亦何常师之有?”中国第一部教育专著《学记》中讲道：“玉不琢，不成器；人不学，不知义。”“虽有佳肴，弗食，不知其旨也；虽有至道，弗学，不知其善也。”汉代王允认为：“学之乃知，不学不识而已。”“不学不问，不能知也。不学自知，不问自晓，古今行事，未之有也……故智能之士，不学不成，不问不知。”东晋学者葛洪指出：“不学而求知，犹愿鱼而无网焉，心虽勤而无获矣。”

其次，学习可以使人增长智慧，发展能力。荀子说：“吾尝终日而思矣，不如须臾之所学也；吾尝跂而望矣，不如登高之博见也。登高而招，臂非加长也，而见者远；顺风而呼，声非加疾也，而闻者彰。假舆马者，非利足也，而致千里；假舟楫者，非能水也，而绝江河。君子生非异也，善假于物也。”人们掌握了舆马、舟楫，就能够“致千里”“绝江河”，人们学到了知识，就会有更大的本领。

最后，学习可以发展“天性”，改变“习性”，使人加强自身修养，学会做人。“学以治性，虑以变情”。孟子认为：“学问之道无他，求其放心而已矣。”学习的作用在于能把人散失的本性找回来，使其保持和发扬天赋的善端，因而人皆可以改变恶性，成为尧舜。荀子认为，只有学习，才能成为人，通过学习，可以用道德知识每日反省自己，自己的行为就不会有过错了，即“君子博学而日参省乎己，则知明而行无过矣”。

三、关于学习规律的探索

1. 德业相辅规律

古代学者认为，治学和学习过程中，既要强调学知识、做学问，又要讲究道德之修养。他们强调德业并行，德、才、学、识全面发展。他们认为，德行和学问是学习过程中相互矛盾的两个方面。其中德行是根本，学问由德行来决定，进德是学习的首要目的，决定着修业的方向和进程。有高尚远大的进德目标，就能激发学习的动机，端正学习态度，把学习推向前进。戴震说：“德行资于学问，进而圣智。”同时，学习目的明确，是为了修养自己的道德和建树学业，而学习目的不明确，则是为了牟取私利，装饰门面。正如两汉魏晋学者扬雄所说："大人之学也为道，小人之学也为利。"

2. 知能相因规律

古代学者认为，学习过程中的"知""智""能"等因素彼此依赖、相互促进、共同促使学习进步发展。任何智力和能力都只能在掌握和运用知识的过程中形成和发展。人的知识越丰富，越有助于智能的增强。人要有能力，必先掌握相应的系统知识。孔子曾经和他的学生子路有一段对话。子路认为，一个人如果智商高，就如同有一把智慧的利剑，无坚不摧，就不用再学知识。孔子说，如果这把智慧的利剑再用知识来加以砥砺，岂不更加锋利吗？王充也说："人有知学，则有力矣。"但是，知识并不等于智能。学习者知识的多少并不标志着智能的高低。

3. 博约结合规律

所谓"博"，就是广博，就是全面、广泛地学习；所谓"约"，就是专精、简要，就是把握知识的精华、关键和深度。古代学者认为博和约也是学习求知过程中不可分割的两个方面，二者相互依存、相互补充、相得益彰。广博是专精的基础，专精是广博的升华和概括。孔子认为，知识广博，理解问题就会深刻全面。知识过于专一，容易导致知识狭窄，不能离开广博去求专精。"博学于文，约之于礼。"孟子认为，博、约不可偏废，他说："博学而详说之，将以反说约也。""守约而施博者，善道也。"就是说，全面学习的目的，是为了掌握知识的精华；掌握了精华，又可以促进全面学习。明代学者许孚远说："博文约礼……随事而学习之谓博，随学而反己之谓约。礼即在于文之内，约即在于博之时，博而约之，所以为精也。精则一，一则中。"

4. 序进统一规律

古代学者认为，学习过程有着严格的程序和步骤，不能任意颠倒和逾越。要一步步地从"序"到"进"。孟子把学习比作流水的过程，"源泉混混（滚滚），不舍昼夜，盈科（注满洼地）而后进"，学习亦如"流水之为物也，不盈科不行”，学道则是“君子之志于道也，不成章不达”。荀子在他著名的《劝学》篇虽也勉励人们学习要有程序地进行：“不积跬步，无以至千里；不积小流，无以成江海。骐骥一跃，不能十步；驽马十驾，功在不舍。锲而舍之，朽木不折；锲而不舍，金石可镂。”他在《修身》篇中说：“跬步而不休，跛鳖千里。”《学记》一书中强调学习要“先其易者，后其节目”，要做到“不陵节而施”，反对学习中的杂乱无章和没有次序。

5. 学思相资规律

“学”与“思”是学习过程中的两大决定环节，二者之间也是相互依存、相辅相成的关系。对此，古代学者有着深刻的论述。如孔子所说：“学而不思则罔，思而不学则殆。”一方面，学习离不开思考。积极思考，才能获得知识。孟子说：“思则得之，不思则不得也。”程颐说：“为学之道，必本于思。”“不思，故有惑，不求，故无得，不问，故无知。”王延相认为，学习中离开思考就无法获得事物本质的认识，所谓“广识未必皆当，而思之自得者真”；另一方面，思考也离不开学习。孔子说：“吾尝终日不食，终夜不寝，以思，无益，不如学也。”荀子也说：“吾尝终日而思矣，不如须臾之所学也。”

第二节 教育心理学中的学习理论

一、教育学中的理论

教育的本质是教育人。教育过程是教育者通过多种途径、形式、手段对受教育者进行思想、品德、知识、技能教育，使受教育者在德、智、体、美、劳等多方面得到全面发展。教育过程包含着学习过程。因此教育学中包含着学习理论。

中国古代教育家早就已经开始研究教学问题，他们一个极其重要的思想就是教学过程中强调学习者的主体地位。一个教师，面对着不同学习方法的学习者，教学效果不尽相同。《学记》一文中指出：“善学者，师逸而功倍，又从而庸之。不善学者，师勤而功半，又从而怨之。”意思是说，掌握了科学方法、会学习的学生，老师稍下功夫，其学习效率、效果就非常好，数倍于一般人；而不会学习、没有科学方法的学习者，即使老师下了非常大的功夫，其学习效率、效果依然非常差，也就相当于普通人的一半。

中国现代伟大的人民教育家陶行知（1891—1946 年）一生从事教育事业，长期探索教育理论，形成了一套系统的适合中国国情的现代教育思想。他的教育思想中包含着“教”与“学”的关系等有关思想。其主要观点如下：

1. 阐述教育的培养目标是“教人求真，学做真人”

1943 年，陶行知在为广东大埔县百侯中学所作的校歌中写道：“千教万教，教人求真，千学万学，学做真人。”他强调说：“教育是教人做人，教人做好人，做好国民的意思。”他要求学校和教师：“教会学生学习，教会学生生活，教会学生做人。”

2. 阐述“生活即教育”“社会即学校”的思想

陶行知在美国学习时，受到他的老师杜威的“教育即生活”“学校即社会”的思想影响。陶行知回国后经过十多年的教育实践，认识到杜威的教育理论在半殖民地半封建的旧中国行不通。他把杜威的思想颠倒过来，创立了“生活即教育”“社会即学校”的生活教育理论。所谓“生活即教育”，就是教育不能脱离社会生活，教育要为改造社会生活而服务，教育与生活紧密相连。陶行知说：“是生活就是教育；是好生活就是好教育；是坏生活就是坏教育；是认真的生活就是认真的教育；是马虎的生活就是马虎的教育；是合理的生活，就是合理的教育；是不合理的生活，就是不合理的教育；不是生活就不是教育；所谓之‘生活’，未必是生活，就未必是教育。”所谓“社会即学校”，就是指学校要与社会密切相联系。扩大学校的教育资源和学校对社会的积极影响。学生的教师可以多起来，有经验的农夫、工程人员都可以做学生的老师。校内有价值的活动，外人也可以收益。这一思想，是要把教育从鸟笼里解放出来。陶行知说：“学校即社会，就好像把一只活泼泼的小鸟从天空里捉来关在笼里一样。它要以一个小的学校去把社会上所有的一切东西都吸收进来，所以容易弄假。社会即学校则不然，它要把笼中的小鸟放到天空中使他们能任意翱翔，是要把学校的一切都伸张到大自然里去。要先能做到‘生活即学校’然后才能讲‘学校即社会’；要先能做到‘生活即教育’然后才能讲‘教育即生活’。这样的学校才叫学校，这样的教育才叫教育。”

3. 阐述“教学做和一”思想

陶行知先生早年在江苏省创办过晓庄师范学校。“教学做和一”是他当年为这所学校定的校训。它由三个部分组成：一是怎样做便怎样学，怎样学便怎样教；二是教法、学法和做法应当合一，教师既教又学，学生则是学；三是要教学不只是叫人学，而更为重要的是教人做事。以上三个方面，“做”是学的中心，也是教的中心。正如陶行知先生说：“教学做是一件事，不是三件事。我们要在做上教，做上学。在做上教的是先生，在做上学的是学生。从先生对学生的关系说：做便是教；从学生对先生的关系说：做便是学。先生拿做来教乃是真教；先生拿做来学，方是实学。不在‘做’上用功夫，教固不成教，学也不成为学。从广义的教育观点看，先生与学生并没有严格的分别。实际上，如果破除成见，六十岁的老翁可以跟六岁的儿童学好些事情。会的教人，不会的跟人学，是我们不知不觉中天天有的事情。因此教学做是合一的。”

二、心理学中的学习理论

1. 关于学习的定义

心理学家认为，学习有广义与狭义之分。广义的学习定义认为，学习不仅是指人类的行为，动物也有学习活动。学习的本质就是指人和动物在生活中获得个体的行为经验以及行为变化的过程。从低等动物（如变形虫）到高等动物（如灵长类的猿猴），从婴儿到成人，都经常以个体经验的变化去适应其周围生活环境的变化。从这个学习的定义看，学习是包括一切动物的习得行为经验，小孩学会走路、说话，学生在学校里获得知识、技能和形成习惯、道德品质等。因此一些心理学家就常常用动物做实验说明人类的学习活动。狭义的学习定义认为，学习只是指人类的学习。“人的学习是在社会生活实践中，以语言为中介，自觉地、积极主动地掌握社会的和个体的经验的过程”。“学习是指学习者因经验而引起的行为、能力和心理倾向的比较持久的变化。这些变化不是因为成熟、疾病或药物引起的，而且也不一定表现为外显的行为”。

2. 关于学习动机

人的任何活动都有其直接推动的动因或动力，也就是动机。心理学认为，人的学习活动也是在一定的动机支配下进行的。学习动机在学习活动中有三种功能：一是引起和发动学习者的学习活动；二是指引学习活动向某一目标进行；三是维持、增加或制止、减弱学习活动的力量。正是由于学习动机具有这些作用，所以学习动机的性质和水平必然影响到学习活动本身的性质和水平。一个学习者有着长远、稳定的学习动机，就能积极、主动、持久地坚持下去，不怕困难，排除干扰以求达到目的；相反，仅仅具有浅近学习动机的学习者极容易因遇到困难半途而废。如果是不良的学习动机，也会出现不良的学习效果。

三、马克思主义哲学中的学习理论

德国哲学家黑格尔说过：“熟知的东西……并不因此就是真知，假如还要研究熟知的东西，那甚至会使人不耐烦。”“熟知的东西之所以不是真正知道了的东西，正因为它是熟知的。”他认为：“哲学的任务在于将人们假定为熟知的东西加以真正认识。”“学习”在现实生活中是人们再熟悉不过的现象了，然而正是熟悉，人们却很少去追问究竟什么是“学习”，或者说学习的本质是什么。辩证唯物主义认为，人们的任何社会活动都是在一定的意识和观念支配下进行的，观念和认识正确与否，深浅程度如何，直接或间接的影响着学习的过程和结果。现实生活中人们，包括大学生在学习方面付出的时间和精力相当大，然而却事半功倍。究其一个重要的原因，就是对“学习”并不真知，并不懂得。那么究竟什么是学习呢？

四、从哲学角度认识“学习”的本质

1. 实践的原则和方法

马克思指出，社会生活在本质上是实践的。人类的实践活动是人类社会生活的基础和基本内容。阐发作为人类社会生活重要内容的学习活动的本质不能离开决定人类生存和发展的实践活动。我们讲的“学习”，只能是人类特有的活动。没有人类的实践活动，也就没有真正意义上的人类的学习活动。只有从实践的观点出发，才能给予“学习”现象在社会生活的大坐标系中以准确的定性和定位，才能从人的生存发展意义上认识“学习”的本质。

2. 发展的原则和方法

唯物辩证法认为，任何事物都是运动变化的。但这种运动变化有向上前进发展的变化，有向下倒退落后的变化。而学习应该是前进上升发展的变化。因此必须从发展的原则和方法出发才能揭示“学习”的本质。笼统地把学习归结为人的行为、经验、能力的持久的变化的观点显然不能说明学习的本质。

3. 对立统一的原则和方法

唯物辩证法还认为，矛盾普遍存在于一切事物自始至终的发展过程中。学习自始至终也存在着矛盾，学习的过程就是一个不断出现矛盾又不断解决矛盾的过程。矛盾又是特殊的，矛盾及其每一个侧面各有其特殊性。学习同人类其他社会现象相比也有其特殊的矛盾。因此只有从矛盾即对立统一的原则和方法出发，展示学习过程中的基本矛盾，展示学习过程中矛盾的特殊性质，才能揭示“学习”的本质。

4. 系统全面的原则和方法

系统论认为，一个事物内部的各个要素只有内在有机地联结为一个统一的整体，才能形成其特定的功能。学习的全过程也应该是一个有机的整体，构成它的各种基本要素也应该内在有机地统一在一起，才能真正发挥学习在社会生活中的特殊的功能作用。如果把学习中的各种因素相互割裂开来，或者片面夸大抬高一种因素的作用，贬低、否认另一种因素的作用，这样的观点是不正确的。

应该说，中国古代学者和西方学者以及我国的一些教育学家、心理学家已经从其中的一种或几种原则方法出发，不同程度地触摸到“学习”的某些本质特征，但是却没有全面贯彻上述四个基本原则和方法。本书试图从总体上把握上述四个原则方法，认识和揭示“学习”的本质，以引起广大学者和大学生们的讨论争鸣。

思考题

1. 古代学习理论中所提到的“学习规律”有哪些？
2. 何为马克思学习观？

拓展阅读

大学学习的真正意义

下面是一段来自两个大三学生之间真实的提问与回答。

问：大三即将结束。大学学到了什么呢？学到的知识难道仅为了应付考试？已步入社会或仍在象牙塔的你有何感触？你觉得自己还是那个原来的你吗？

答：我已经毕业近两年了，对我来说，大学四年，学到的专业知识是非常有限的。我是学金融的，但对金融的东西只会一点皮毛，说句不怕大家笑话的实话，大学四年，我没考英语四级，也没考计算机二级，专业课甚至考过不及格，还重修过微积分。但是，我觉得四年中我学到了一种处理问题的方法，以及一种为梦想去努力和奋斗的思维方式。

我参加过学生会，当过副主席，组织了很多成功的活动，还自己组织学生会干部去宁夏义务支教，回哈尔滨后还在各大高校进行了巡回演讲。

所以，我觉得也不必可惜或叹息，有得必有失吧，那些学习出色的，经历未必精彩，各自选择自己的路吧。

不知有多少大学生有与提问者同样的心声，但是拥有与作答者收获相当的人又有多少？大学生活没目标和动力，上课基本以睡觉回应老师……如果你有一大堆理由认为这是某制度、某现状、某根源导致你在挥霍青春，那么我只能说：用搞砸自己的未来进行“无声的反抗”是毫无意义的，最后尝到苦果的不是别人，而是你自己。

电影《当幸福来敲门》中有一幕讲述了一个故事，在街上，小克里斯给父亲讲了一个笑话：一个基督徒落水了，可他不会游泳，就在水中挣扎，这时来了一条小船，船上的人问他需不需要帮助，他说：“不用了，上帝会救我的。”小船就走了。然后，又来了一条大船，船上的人又问他需不需要帮助，他依然说：“不用了，上帝会救我的。”最后，他淹死了，上了天堂，他责怪上帝为什么不去救他，上帝叹道：“你这笨蛋，我派了两条船去救你啊！”

当然上帝不会告诉你，他已经派了两条船去救你，是你自己漠视了上帝为你开启的生命之窗。同样，没有人告诉你大学时期的学习对于人生的巨大作用，而这时的“学习”已不再等同于“啃书本”，而是积累和习得，是为了迈进社会和职场的时候不被绊倒或拒之门外，为了自己最初的梦想有得以实现的机会。不要等自己向大学校门挥别的时候，才发现自己无路可走。

并非没人告诉你，只是你不曾意识；并非没有给你机会，只是你不曾察觉。看过了听过了多少成功人士的至理名言，也曾经激情昂扬地想闯出属于自己的一片天地，那么现在你已经走出了第一步吗？你是否面对困难的时候坚强地挺了过去？学校是个小社会，也是我们走进大社会前的最佳“训练场”。别让“上帝”与你擦肩而过，因为青春没有给我们两次机会。

大学里没有人告诉你学习有多重要，但事实上，上帝已经安排了一次又一次的船只，已经在提醒着我们抓紧时机，不要轻易错过。大学毕业证书背后不是“考过万岁”，而是刻下努力的成果和对未来期许的印章。

（资料来源：http：//bj. xdf. cn/publish/portal24/tab12944/info659415. htm）

第三章　学习的五大律

第一节　记忆遗忘律

大学生的学习离不开记忆，因为一切学习活动都是从记忆开始的。如果失去记忆，人类将永远面临一个陌生的世界。那么，究竟什么是记忆?心理学告诉我们，记忆是人脑对过去经验的保持和提取。它是人脑积累知识经验的一种功能，有“心灵的仓库”之美称。古往今来，人们孜孜不断地追求和探索记忆的奥秘。早在古希腊时期，著名学者亚里士多德就对记忆现象有了较多的思考。他在《记忆和思想》一文中，提出了一些有价值的理论，如记忆与回想的定义、记忆的特点、操作方式与心灵功能的关系等。他认为联想有助于回忆，为此提出联想的三大定律：接近律、相似律和对比律。这些虽是凭借日常生活的观察而立论的，但却对后来的记忆的研究起了推动的作用。17 世纪英国的联想主义者洛克和休谟等人对记忆做了较完备的解释。19 世纪末，德国的艾宾浩斯才是真正开创了对记忆的实验研究，他对实验的结果进行数量分析，从中发现了保持和遗忘的一般规律，这些研究直至 100 多年后的今天仍有不可磨灭的价值。

著名的心理学家艾宾浩斯首先对遗忘现象做了系统的研究，他用无意义音节作为记忆的材料，用节省法计算出保持和遗忘的数量。实验结果见下表，用表内数字制成一条曲线，称作艾宾浩斯遗忘曲线（见下图）。

不同时间间隔后的记忆成绩

时间间隔	重学时节省诵读时间的百分率（%）
20 分钟	58.2
1 小时	44.2
8～9 小时	35.8
1 日	33.7
2 日	27.8
6 日	25.4
31 日	21.1

心理学家艾宾浩斯的遗忘曲线，因其纵坐标代表保持的百分率，也称艾宾浩斯保持曲线（见下图）。该曲线表明了遗忘发展的一般规律：遗忘进程不是均衡的，在识记的最初时间遗忘很快，后来逐渐缓慢，而一段时间过后，几乎不再遗忘了，即遗忘的发展是“先快后慢”。这也就是说，遗忘是在学习之后急速进行的，要想防止和减少，就必须尽早加以复习。

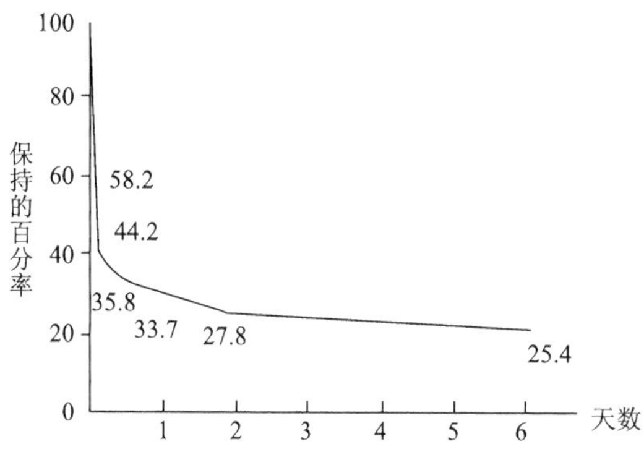

艾宾浩斯遗忘曲线

进一步的研究表明，除了受时间因素制约以外，记忆还受其他因素制约。

就识记材料的性质而言，一般来说，熟练的动作遗忘得最慢，熟记了的形象材料容易长久保持，有意义的文字材料要比无意义的材料保持得多，遗忘得慢。

就识记材料的数量而言，识记材料的数量越大，识记后遗忘得越多。有实验证明：识记 5 个材料的保持率为 100%，识记 10 个材料的保持率为 70%，识记 100 个材料的保持率为 25%。即使是有意义的材料，当识记数量增加到一定程度时，遗忘率也会接近于无意义材料的遗忘曲线（索柯洛夫的实验）。

就识记材料的意义而已，凡不能引起被试兴趣、不符合被试需要、对被试生活不占重要地位的材料，往往遗忘得快，而有意义的材料就遗忘得慢。

就识记方式而言，多种记忆类型的协同记忆以及多种感官的协同识记，比单一类型或单一种感官的识记效果好。有人做过一个实验：让第一组被试者只看某一识记材料，第二组被试者只听同一内容，第三组被试者既看又听。结果发现，视觉识记组可记住内容的 70%，听觉识记组记住 60%，视听组可记住 80.3%。实验表明，多种感官在识记活动中同时发挥作用，可取得良好的识记效果。

不容置疑，学习程度对遗忘也有较大的影响。一般来说，学习程度越高，遗忘越少。过度学习达 150%，保持的效果最佳。所谓过度学习是指学习的巩固程度超过刚能背诵的程度。比如，学习一个材料，20 遍后恰能一次性正确无误地背诵，此时，称这 20 遍的学习程度为 100%，倘若再继续学 10 遍，就是过度学习了，其学习程度为 150%。我国心理学家的实验表明：33% 的学习程度，遗忘为 57.3%；100% 的学习程度，遗忘为 35.2%；150%的学习程度，遗忘为 18.1%。超过 150%的过度学习程度，记忆效果没有明显提高。

第二节　学思结合律

知识、信息被认知后，还须进一步内化，经过理解、编码、储存和加工，使获得的知识升华，以改善原有的智能结果或形成新的智能结构。这就是学思结合规律。

学习中的“学”，是指信息的输入，学习新知识、新技能以及社会行为规范等；学习中的“思”，是指信息处理加工。学与思也是一对辩证统一的矛盾。孔子说：“学而不思则罔，思而不学则殆。”明末清初的思想家王夫之对此也有一段精辟的论述，他说：“致知之途有二：曰学曰思。学则不恃己之聪明，而唯一先觉之是效；思则不循古人陈迹而任吾警悟之灵。学非有碍于思，而学愈博则思愈远；思正有功于学，而思之困则学必勤。”意思是说，人们求知的途径有二：一是学，二是思。学的时候，不可自恃聪明，而应虚心向先知者学习，才能得益；而思则不一定完全遵循古人的陈迹，而要自己去深思熟虑。所以，学不仅不妨碍于思，而且可因学得广博，而思虑深远；思是有助于学的，因为思考时有了困难，便会激励自己加紧学习。这就明确地论述了学与思之间的辩证关系，揭示了学思结合规律的内涵。同时也说明了只有学思紧密结合，才能提高学习效率。

古今中外，卓有贡献的科学家，都十分强调思考在学习和科学研究中的地位和作用。

一天深夜，著名物理学家卢瑟福走进了他领导的实验室，看见一个学生在那里做实验。卢瑟福略微迟疑了一下，便过去问那个学生：“这么晚了，你还在做什么?”学生回答说：“我在工作。”“那你白天干什么呢?”“也在工作啊!”“早晨你也在工作吗?”“是的，教授，我从早到晚都没有离开过实验室。”学生说得很肯定，以期博得老师的夸奖。不料，卢瑟福反问了一句：“那么这样一来，你用什么时间来思考?”

牛顿说：“如果说我对世界有些贡献的话那不是由于别的，只是由于我辛勤耐久的思索。”

普朗克说：“思考可以构成一座桥，让我们通向新知识。”

爱因斯坦说：“学习知识要善于思考、思考、再思考，我就是靠这个学习方法成为科学家的。”

科学历史上的无数巨人之所以比同时代的人站得高，看得远，就在于他们观察事物不是浅尝辄止，停留在表面的感性认识阶段，而是善于思索、勤于琢磨，力求下功夫由表及里地找出现象后面的本质的东西，捕捉事物的内在联系，从而有所发现、有所发明、有所创造，对科学事业做出了较大的贡献。

第三节 序进累积律

“序”是任何知识结构都必须有的层次序列，它包括纵横两个方面。纵是指知识的积累和深化，横是指知识的触类旁通、相互渗透。不按照知识本身固有的层次序列去学习，就难以提高学习效率。同时，人类认识世界是从简单到复杂、从现象到本质逐步深化的渐进过程，相应的思维发展也是由形象思维到抽象思维、由低级到高级的过程，只有按照知识的思维逻辑系统有序地学习，才能符合学习的认识规律和思维发展规律。

学习是一个循序渐进不断累积知识的过程，绝不是一蹴而就的。“不积跬步，无以至千里；不积小流，无以成江海。”人类的所有知识都是不断积累的结果。人类的学习史告诉我们，人类早期只能掌握简单的适应生存环境的经验结构，经过漫长的岁月和不断实践，随着人类食物结构的变化，脑容量增加，认识世界的能力进一步提高，人类开始找到了改造世界的方法，形成了新的经验系统。在这一学习过程中，人类的经验不断得到充实，内容不断增多，质量不断提高。个人的学习也是如此，所学知识越多，学习相关知识的能力就越强。就像滚雪球一样，雪球越大，滚动中粘住的积雪就会越多。

学习过程并不是只是数量的单纯累积，还有着从量变到质变的过程。知识经验积累到一定程度，就会使学习主体的智力产生质变（飞跃），跃进到一个新的层次；然后，在新的层次上再积累并再发生新的质变……这就是华罗庚所说“读书要由薄到厚再到薄”的过程。但知识的积累应该有所选择，有所侧重，并有先进的方法做指导，这样才能产生较好的效果。

第四节 学习迁移律

学习的迁移也叫训练的转移或学习的转移，一般指一种学习中习得的经验对其他学习的影响。学习的迁移现象广泛存在，不仅存在于知识、技能的学习之中，而且也存在于社会规范的学习之中。例如，学会骑自行车后有助于学习驾驶摩托车，加法学习会影响乘法学习，数学学习中审题技能的掌握会影响理化学习中审题技能的学习，学生在生活中养成了爱整洁的习惯有助于在各科作业上也保持这种习惯。不仅如此，知识、技能与社会规范学习之间也存在着迁移现象。如某一领域内的专家具有丰富的知识，这就使得他能够将知识形成合理的组块，以促进某些技能的应用。

学习的迁移现象是多种多样的，根据迁移的特点并结合教育实际，可以从以下几方面加以分类：

一是按迁移的性质来划分，可以把迁移分为正迁移、负迁移和零迁移。正迁移是指一种经验的获得对另一种学习起促进作用。教育工作中所说的“为迁移而教”，就是指正迁移在教学中的应用；负迁移是指一种经验的获得对另一种学习起干扰或阻碍作用；零迁移也叫中性迁移，是指一种习得的经验对另一种学习不起作用，即两种学习之间无任何影响，迁移的效果是零。

二是按迁移的方向来划分，可以把迁移分为垂直迁移和水平迁移。垂直迁移也叫纵向迁移，主要是指处于不同层次（概括性与抽象性的差异度）的各种学习间的相互影响；水平迁移也叫横向迁移，是指处于同一层次（抽象性与概括性无差异）的学习间的相互影响。从这一分类可以看出，个体通过学习所要形成的心理结构是一个网络化的结构，要解决其上下左右的沟通与联系，必须通过垂直迁移与水平迁移才能实现。

三是按迁移的内容来划分，还可以把迁移分为特殊成分的迁移和非特殊成分的迁移。

学习迁移的作用在于将习得的经验得以概括化、系统化，形成一种稳定的整合的心理结构，从而更好地调节人的行为，并能动地作用于客观世界。同时，学习的迁移是习得知识、技能与规范向能力与品德转化的关键。能力作为一种个体心理特性，它是一种稳定调节活动进程和方式的心理结构。能力的形成一方面依赖于知识、技能的掌握，另一方面也依赖于所掌握知识和技能的不断概括化、系统化。通过探讨迁移的规律，可为知识、技能向能力和品德的转化提供科学的依据。

学习不只是要掌握一门学科的具体知识与技能，而且还要学会如何去学习，即掌握学习方法的知识与技能。学习方法是一种学习经验，它可以对后继学习产生一种比较广泛的一般性迁移。学习方法这种经验中不仅包含有关知识，而且还包括有关学习的技能。西方心理学把有关学习方法的学习叫作“学会学习”。也就是说，在学习中，必须重视学习方法的学习，以促进更有效的迁移。

第五节　知行统一律

学思结合规律主要揭示了学习过程的感知、理解、保持等学习环节中的内在关系，解决了信息的输入、储存与内化问题，但还未揭示出学习发展的最终趋势，没有指出学习的实质是改造主客观世界的问题。揭示这个环节的基本规律是知行统一的规律。知，是对知识信息的输入、理解和掌握；行，则是把知道了的知识信息用于实际，付诸行动，产生意识行为效应，改造主客观世界。显然，该规律揭示的主要问题就是学习的本质问题，也就是学习发展的必然趋势和最终归宿。学习的本质是知行统一。古今思想家、教育家都强调学习的实践意义。孔子主张言行一致；荀子更是主张行是学的最终目的，“学至于行而止矣”；朱熹指出：“学之之博，未若知之之要，知之之要，未若行之之实。”这是强调，学懂了还不如去实行来得切实；明代思想家王守仁更是明确指出：真正的知识就是为了用以实践的，不能付诸实践的就不足以叫作知识，即“真知即所以为行，不行不足以谓之知”；王夫之也说：“闻见之知，不如心之所喻；心之所喻，不如身之所亲行焉。”意思是说，感性知识上升到理性知识后，还必须返回到实践，认识才完成一个过程，实现飞跃，得到发展。

近代有些教育家，对学习的实践意义也是非常重视的，如陶行知就说：“先生拿做来教，乃是真教；学生拿做来学，乃是真学。”这虽是从教学角度谈如何解决学用一致的问题的，但教学双方如果“不在做上用功夫，教固不成教，学也不成学”。

毛泽东同志衡量学习的标准是：对于马克思主义的理论，要能够精通它，应用它，精通的目的在于应用。这也是从“知行统一”的观点出发看待学习本质的。

综上所述，人的学习，既学习知识，又学习实践；既是为了知，更是为了行；绝不是为“学”而学，而是为“用”而学。概括为一句话，学习就是在学习实践中获得知识，从而达到知行统一，指导后来的再学习。

知与行是学习过程中的一对矛盾，“行可兼知，而知不可兼行”。也就是说，行可以包括知，而知不完全包括行。人们的学习不只是为了单纯获知，而更重要的是落实到行上，落实到改造世界的实践上，因此，学习的目的全在于应用。

思考题

1. 学习的五大规律有哪些？
2. 如何利用规律进行学习？

拓展阅读

如何在大学里炼成一个“学霸”？生活学习要有规律

对于新入校的学生来说，大学生活该怎样合理安排？如何才能在大学里炼成一个“学霸”？

别担心，有大数据来告诉你！这不，由国内大数据领域的领军专家、电子科技大学（简称“电子科大”）教授周涛等人共同研发的“学生画像”系统，通过数据整合、分析，挖掘出每个学生的学习、生活状态，预测出学生的挂科危险以及可能出现的“特殊状况”。这个系统已经覆盖电子科大两万余名本科生。

记者从电子科大教育大数据研究所了解到了“学生画像”所统计出来的一些数据，那么，现在我们就来看下，在大学里怎样才能成为一个“学霸”。

新奇的发现：打水次数减少 35 次，学生成绩相应降低了 26 名

电子科大教育大数据研究所成立于2014年，数十名师生共同承担着我国多项教育研究课题。周涛曾介绍研究所说，数据中心集中了学校上万名学子的行为、消费等匿名信息，研究所基于这些数据，进行整合、分析与运用。

据介绍，目前学生的数据包括出入寝室的时间、进出图书馆的次数、借阅书籍的种类、在教学楼打水的次数、去澡堂洗澡的时间等。“学生画像”的研究团队首先会根据这些数据与实际行为的关联性，“计算”出每名学生的学习、生活状态，从而预测学生是否有挂科的可能，甚至还有辅导学生更好规划自己学业的可能。

通过这一年时间的大数据统计，可以看出，在电子科技大学，总体上，女生平均成绩好于男生；大二上学期，成绩两极化最为明显。

同时，研究人员还总结出一个规律，学生成绩波动之前，生活模式会先发生变化。比如，一名学生第一学期在教室打水的次数为53，他的成绩在565位同学中排名200；第二学期，这名学生的打水次数减少了35次，他的成绩也相应降低了26名。

如何成为“学霸”：生活有规律，多与成绩好的学生做朋友

通过大数据研究，其实可以发现，“学霸”也是有规律可循的。这不，教育大数据研究所根据这些数据，绘制出了“学霸”和“学渣”的学习生活轨迹。来，一起看下，想要成为“学霸”，你要做些什么？

一、去图书馆和教学楼次数越多，成绩越好

在大数据研究所提供的图表上，记者可以看到，第一学期，成绩最好的学生进入图书馆的次数为55次，成绩最差的学生进入图书馆的次数为35次；到了第四学期，成绩最好的学生进入图书馆的次数为61次，成绩最差的学生进入图书馆的次数为18次。

“学生画像”的研究团队通过大数据分析，发现出入图书馆次数比较多的学生，成绩要优于出入图书馆次数比较少的学生。而同一名学生，随着出入图书馆次数的增多或减少，成绩排名在上下浮动。

同样的情况也存在于教学楼，学生去教学楼饮水机上打水次数多，就说明学生长期在教学楼里活动。第三学期的数据显示，成绩最好的学生在教学楼打水近80次，成绩最差的学生在教学楼打水不到10次。这也说明，经常在教学楼活动的学生，成绩更好。

二、生活、学习有规律的学生，成绩更好

研究人员通过分析全校本科生进出宿舍、在食堂吃饭、去澡堂洗澡等记录，发现成绩好的学生除了在教学楼打水次数比较多之外，生活、学习等行为习惯比成绩差的更有规律。

以吃早饭的次数为例，第二学期，成绩最好的学生吃早餐次数在 110 次，成绩最差的学生吃早餐次数仅为 60 次。也就是说，9 点前出现在食堂吃早餐的同学，成绩也相对更好。

除此之外，研究还发现，在固定时间进出宿舍，在宿舍的平均时长少的学生，成绩远远高于经常宅在宿舍的学生。

三、身边朋友成绩较好，自身成绩也相对较好

大数据显示，“学霸”的身边总是围绕着“学霸”，身边朋友成绩较好，自身成绩也相对较好。

电子科大教育大数据研究所有专门分析“朋友圈”的模块，主要分析同校的朋友。“两个朋友关系越亲密，共同行动的概率就越大，而陌生人之间则不然，这是已经经过仔细验证的结论。”基于此，研究所的专家们对学生们的共现频率进行了统计分析，凡是两两间较短间隔内在同一场所，研究人员都进行了记录，以此获取两人的关系亲密程度，超过某一亲密程度的则为朋友，以此获取每个人的朋友圈信息。此后，研究人员再结合学生基本信息，获取学生与朋友之间的标识，如室友、同班、同学院等，进而进一步分析学生的交际能力与偏好。

研究人员在分析了学生和朋友们之间的成绩之后，得出一个研究结果：学生自身成绩与身边朋友的成绩具有很强的相关性。

科研人员建议：大学新生们这样做也能成为“学霸”

基于以上的研究成果，教育大数据研究所也给出了一定的建议：

(1) 生活习惯很重要，请注意保持生活的规律性，早上 6 点起床、跑步、读书、吃早餐而不是 8 点起床飞奔去上课，你这一天的感觉会完全不一样。

(2) 一定要抽时间锻炼身体，不要天天宅，睡懒觉和打游戏不如出去跑跑步、打打球。

(3) 不要迷恋网络游戏，入学就打好学习基础，多去教室、图书馆学习。

挂科预警：推送给辅导员，及时调整学生的学习状态

除了教你如何成为“学霸”之外，“学生画像”还可以帮学生预测成绩，发出“挂科预警”。

据介绍，挂科预警就是通过学生学习基础以及由日常行为特征体现出的努力程度，综合分析，提前预测学生挂科可能性，并将挂科可能性较高的群体发送给辅导员，帮助他们提前引导，有效提升学生的学习成绩。

研究人员告诉记者，挂科预警主要从三个方面分析：一是刻画学生生活与学习的规律性，比如，如果某学生最近几个月作息极不规律，那么他的成绩就会有下滑的可能；二是分析课程相关性，先导课程的掌握程度对后续课程的成绩有大的影响，比如，如果某学生微积分Ⅰ分数在及格边缘，那么后续课程微积分Ⅱ就有较高的挂科可能性；三是计算学生在该课程上付出的精力，比如，如果发现该生在图书馆从未借阅与微积分课程相关的图书，那么他在该课上挂科的可能性会进一步提高。

依据这些分析，系统便可计算出学生的挂科可能性，类似于“电磁场与波课程有87.5%的可能性挂科”这样的信息就会推送给辅导员，由辅导员介入调整学生的学习状态。

如何保护隐私：不强调个人情况，对异常状况提供人文关怀

通过数据挖掘获知学生在校行为记录，这是否意味着学生的行踪被监控，侵犯了学生的隐私权？

其实不然。教育大数据研究所副所长连德富强调，如今，“大数据”已渗透到生活的各个领域。学校做数据收集，不会去强调每个人的情况，而是察看学生整体的学习生活状况，及时预测预警学生异常状况，为学校的决策提供数据支撑。比如，根据学生就业能力情况，学校及时开展个性化引导，提升学生就业水平；根据学生实际消费情况，找出隐性困难学生，提升学校人文关怀等。

（资料来源：http：//edu.anhuinews.com/system/2015/08/28/006931444.shtml）

第四章　当代学习观

第一节　自主学习观

一、为什么要确立自主学习观

自主学习就是学生自己主动地学习、有主见地学习。

在传统教育理论中，教师是教育的主体，学生是教育的客体。现实的教育活动中，也有许多教育工作者确实存在着只把自己看作主体、把学生看作客体的倾向，而许多学生也只是把自己当作单纯接受知识的消极被动的“要我学”的客体。因此，现实生活中的相当多的学习者在学习过程中完全依赖教师、学校和外部环境，把自己的大脑当作接受知识的白板，甚至自身的学习兴趣、情感也完全依赖教师和外部环境引发。这种学习者缺乏自觉主动学习的愿望和要求，把学习当作完全迫于社会、家庭和他人的种种压力不得已而为之的额外负担。这种学习者往往习惯于被动接受灌输，而不善于主动探求和消化知识，习惯于让书本知识、教师和外部环境牵着自己的鼻子走，而不是主动驾驭书本知识和外部环境。这种传统的学习观念应该为“自主学习”的新观念所取代。

确立自主学习观念，就意味着教育者不仅把学生当作教育对象，也应该把学生看作认知主体，学生更应该把自己看作主人。在学习过程中始终以积极主动的态度对待学习，不是迫于社会和外界的种种压力去学习，而是发自内心地对知识有一种强烈的渴望和追求精神。联合国教科文组织的报告《学会生存——教育世界的今天和明天》指出：“教育已不再是从外部强加在学习者身上的东西，也不是强加在别的人身上的东西。教育必然是从学习者本人出发的。”“我们今天把重点放在教育与学习过程的‘自学’原则上，而不是放在传统教育学的教学原则上。”“新的教育精神使个人成为他自己文化进步的主人和创造者。自学，尤其是在帮助下的自学，在任何教育体系中，都具有无可代替的价值。”“我们应使学习者成为教育活动的中心；随着他的成熟程度允许他有越来越大的自由；由他自己决定他要学习什么，他要如何学习以及在什么地方学习与受训。这应成为一条原则。”

这里所说的“自学”原则就是“自主性学习”原则，就是发自学习者内心的自觉自愿的主动性极强的“我要学”的学习原则和学习观念。

大学生尤其要确立自主学习观，因为：

第一，从大学学习任务看，大学学习是为了培养高级专门人才打基础、做准备的。一个高级专门人才必须具备自学能力、独立工作能力以及分析问题和解决问题的能力，而这些能力的培养和提高必须以大学生能很好地开展自主学习为前提。

第二，从大学的学习条件看，大学有学识渊博的教师群体、设备先进的实验场所、藏书丰富的图书馆等，这为大学生自主学习提供了优越的学习条件。

第三，从大学生教学管理方式看，大学的教学管理实行学分制，学分制要求学生根据自身情况，有计划、主动地选读不同课程来获取知识，构建自己的知识结构，并允许学生进行跨专业、跨系选修，使自己的知识结构由单一化向多样化方向发展。而这些要求能否实现，取决于学生是否有相当高的学习自觉性，是否能主动地、有主见地学习。

第四，从大学生自身的身心发展看，大学生一般是 20 岁左右的青年，他们的生理和智力上趋于成熟，辩证思维能力达到较高水平并趋向成熟和完善，人生观、世界观逐步形成。这些都为大学生的自主学习准备了良好的身心基础。

当然，自主学习并不是贬低教师的作用。它与学生想学什么就学什么的“自由学习”有着本质上的区别。大学生要善于因师而学，通过从师而学而达到无师自通。

二、自主学习的特征

1. 主动性

主动性是自主学习的首要特征，它对应传统学习的被动性。二者在学生的具体学习活动中表现为："我要学"和"要我学"。"我要学"是基于学生对学习的一种内在需要；"要我学"则是基于外在的诱因和强制。学生学习的内在需要首先表现为学习兴趣。学生有了学习兴趣，才有旺盛的求知欲，学习活动对他来说就不是一种负担，而是一种享受，一种愉快的体验，因此就会越学越想学、越爱学。有兴趣地去学习事半功倍，相反，如果学生对学习不感兴趣，在逼迫的状态下被动地学习，学习的效果必定是事倍功半。其次，表现为学习责任。学生有了学习责任感，就有了主人翁精神，进而才能自觉地把学习跟自己的生活、成长、发展有机联系起来，做到真正的有意义的学习。

2. 能动性

能动性也是自主学习的重要特征。自主学习要求学生对为什么学习、能否学习、学习什么、如何学习等问题有自觉的意识和积极的反应，能对自己的学习进行自我计划、自我调整、自我指导、自我强化。即在学习活动之前，能够自己确定学习目标、制订学习计划、选择学习方法、做好学习准备；在学习活动之中，能够对自己的学习过程、学习状态、学习行为进行自我观察、自我审视、自我调节；在学习活动之后，能够对自己的学习结果进行自我检查、自我总结、自我评价和自我补救。

3. 独立性

自主学习的主动性和能动性必然带来它的独立性，而且，在某种意义上所谓自主性就是独立性。所以，独立性是自主学习的核心特征，相对传统学习的依赖性而言，自主学习者都具有独立的意识、独立的人格、独立的追求。他们不依赖于教师、学校、社会、家庭及他人的安排和帮助，不拘泥于书本，不满足于教师的传授；能按照既定目标，独立探求知识，主动驾驭与自己的学习。

第二节　终身学习观

一、终身教育的提出：教育史上的哥白尼革命

终身教育、终身学习的思想在古希腊、古罗马以及在古中国、古印度的时期就已经出现了。但这些思想最终汇集成为一股强大的思潮、一种意义深远的理念以及一个完整的科学体系，进而在全世界被广泛提倡、推广和普及，则无疑要归功于联合国教科文组织多年来的大力倡导和积极推行。

早在20世纪40年代末至60年代初，联合国教科文组织就开始着手终身教育的系统研究，并在各种不同场合，就终身教育的提倡及实施的可能性展开讨论。1965年12月，联合国教科文组织第三届成人教育委员会在巴黎召开成人教育促进国际会议，当时的回忆一张、成人教育计划处处长保罗·朗格朗（Paul Lengrand）正式向会议提交了“关于终身教育”的提案。他认为，数百年来把人生分成两半，前半生用于受教育，后半生用于工作，是毫无科学根据的。接受教育应当是一个人从出生到死亡永不休止的事情，教育应当在每个人需要的时候以最好的方式提供必要的知识技能。朗格朗的提案经会议讨论形成决议后被联合国教科文组织以研究报告书的形式公开发表。从这次会议开始，终身教育思想在世界各国迅速传播。

1970年，联合国教科文组织第16届会议通过了一项决议，授权总干事勒内·马厄成立国际教育发展委员会，其任务是提交一份有关终身教育的报告供教科文组织及会员国在制定教育政策时参考。这个委员会由埃德加·富尔任主席，从1971年3月开始工作，在一年多的时间里先后举行了6次会议，对23个国家进行了实地考察，研究了70多篇有关世界教育形势和改革的论文，于1972年5月完成了题为《学会生存——教育世界的今天和明天》的报告。这篇报告使终身教育思想得到进一步系统化和理论化，从而正式确立了终身教育思想的国际地位。

这篇著名的报告，从历史和现实两个角度对终身教育进行了全面的论

证和阐述。报告指出，由于时代的变化及社会的发展，教育在现代社会中正扮演着前所未有的角色。这就要求教育必须面向现实和人类的新需要，冲破千百年来对教育机构、体制、内容、方法上的种种限制，体现教育的真正本性——完整的终身教育。“我们再也不能刻苦地、一劳永逸地获取知识了，而是需要终身学习如何去建立一个不断演进的知识体系——‘学会生存’。”

正如查尔斯·赫梅尔所说，终身教育的想法是简单的，但就其效果而言，“终身教育概念的提出可以与哥白尼的革命相比，它是教育史上最引人注目的事件……终身教育孕育着真正的教育复兴。”终身教育思想已成为各国重新阐述教育，重新改写教育学和进行教育改革的指导原则。

二、为什么要确立终身学习观

与终身教育并列，联合国教科文组织在 1976 年 11 月召开的第 19 次全体会议通过的《关于发展成人教育的报告》中，提出了终身学习概念。终身学习强调的是学习者自身的进取和努力。没有自身的积极性、主动性和创新性，终身教育是无法实现的。从这个意义上讲，提倡终身学习是对终身教育的进一步推动和发展，二者在本质上及对人的发展的促进作用方面是一致的。

什么是终身学习？由欧洲终身学习促进会提出、并经 1994 年 11 月在意大利罗马举行的“首届世界终身学习会议”采纳的终身学习的定义是：“终身学习是 21 世纪的生存概念。终身学习是通过一个不断的支持过程来发挥人类的潜能，它激励并使人们有权利去获得他们终身所需要的全部知识、价值、技能与理解，并在任何任务、情况和环境中有信心地、有创造性地和愉快地应用它们。”我们认为，把终身学习提到“生存概念”的高度，是人类对知识经济和知识社会的积极响应，也意味着知识经济时代的学习观念将发生根本性的改变，即把学习从单纯接受学校教育的学习中扩展开来，并从少数人的学习扩展到所有的人，从阶段性的学习扩展到人的终身，从被动的学习发展到主动的学习，从而使学习真正成为所有人终身的行为习惯和自觉行动。

终身学习是新世纪知识经济、知识社会发展和人的发展的必然要求。

首先，21世纪是科技发展日新月异和知识、信息呈爆炸式膨胀的时代。随着知识总量的迅猛扩张，知识更新速度也在加快。国外有研究表明，在农业经济时代，人们只要在7～14岁接受教育，就足以应付往后40年工作生涯之所需；在工业经济时代，人们求学的时间延伸为5～22岁；而在知识经济时代，学习将成为人们的终身需要。人们只有不断学习，不断更新知识，才能跟上时代的步伐。

其次，21世纪是经济结构和就业结构发生重大变化的时代。从历史发展上说，人类社会劳动的历史贯穿着不断从改造传统产业到形成新兴产业的发展过程。从国外的经验看，随着科技创新的进程而引起就业结构变化的特点，一是服务业对劳动力的需求越来越高于物质生产部门，二是脑力劳动者数量越来越高于体力劳动者。因此，在21世纪，劳动者不断地从低技能职位向高技能职位迁移将成为必然趋势，知识劳动者将成为社会劳动力的主体。社会劳动力的这种结构性变化意味着绝大多数国民都必须适应知识劳动的要求。即在21世纪，知识性工作与创新必然使其与学习合二为一。当你在从事知识性工作时，你就必须要学习；同时，你也必须终身不断地学习，才能有效地从事知识性劳动。从这个意义上讲，终身学习不仅是一种修养，更是人生存的基本手段。

再次，21世纪是人们的职业和岗位变动更加频繁的时代。研究表明，美国人平均每人一生流动12次，经济合作与发展组织国家每人平均5年更换一次工作。在我国，据北京航空航天大学人才交流中心对本校58/59/60三届毕业生的调查，约70%的人已不在原专业岗位上工作。这些情况表明，以往那种人们梦寐以求的“终身职业”已成明日黄花，一次性学校“充电”，一辈子工作中“放电”的时代已成为历史。

最后，21世纪还是人们的文化生活发生变迁的时代。随着科学技术的进步和社会经济结构的改变，现代社会的人们比以往拥有了更多可供自由支配的时间，经济条件的提高亦使得现代的人们更加注重自身生活的品质和内涵。休闲时间的增多及希望提高自身生活质量的要求，又使得现代的人们比以往更加关注学习、依赖学习。因此，学习是一种生存方式，也是一种生活方式。也就是说，在一个经济发达和富有生气的社会，人们积极参与学习活动以提高自身的生活品质及精神教养，不仅可以帮助个人获取适应社会变迁的能力，而且还可以提高人的文化生活内涵。如今，一些国家提倡和推行的“带薪教育休假”制度，建立“开放大学”等，就为人们充分利用可支配的自由时间、提高自身精神教养创造了有利的条件。

三、终身学习：从“学历社会”走向“学习社会”

“学习社会”一词来自哈钦斯1968年发表的《学习社会》一书。哈钦斯在对以往的教育进行了批判性的研究后，提出到20世纪末应实现新的教育和社会——学习社会。所谓学习社会，“也许就是任何时候不只提供定时制的成人教育，而且以学习、成就、人格形成为目的而成功地实现着价值的转换，以便实现一切制度所追求的目标的社会”。继哈钦斯之后，联合国教科文组织在《学会生存》的报告中进一步指出：“如果学习包括一个人的整个一生（既指它的时间长度，也指它的各个方面），而且也包括全部的社会（既指它的教育资源，也包括它的社会的和经济的资源），那么我们除了对‘教育体系’进行必要的检修以外，还要继续前进，达到一个学习化社会的境界。”而“学历社会”是指追求高学历的社会现象。追求高学历好不好呢？从社会的不断发展看，一个国家为了提高整个国民的文化素质，在经济条件、文化基础可能的情况下，普遍提高国民受教育的程度，使之获得高学历是无可非议的。但是，如果信息激增的现代社会仍处在学历化中，并逐渐走向极端，每一个取得高学历学位证书的人就等于有了一本“护照”，就意味着毕业后会有一份好工作，一份高薪水，过上舒服的生活，那么，其弊端是显而易见的。

因此，时代的发展要求从“学历社会”走向“学习社会”。也就是说，应该是人们在一生中易于得到各式各样的学习机会，即应该建立一个学习社会，以不断挖掘人的潜能，适应21世纪社会和人的全面发展的需要。改革开放以来，我国的学校教育与社会教育、职前教育与职后继续教育，以及正规教育与非正规教育等都有了重大发展，电视、广播、报刊、网络等大众传媒迅速普及，图书馆、文化馆、艺术馆、科学馆、博物馆不断完善。应该说，我国进行终身教育，推进终身学习的框架已初步形成。面对世界范围内兴起的终身学习浪潮，适应21世纪培养新时代的公民和新型高级专门人才的需要，作为学生，应该自觉建立终身学习观，把学习扩展至人的一生，使终身学习真正成为“21 世纪的生存概念”，并在大学学习阶段为终身学习打下坚实的基础。

第三节　“四个学会”学习观

一、学会认知（Learning to Know）

“知”在这里不只是指“知识”，而是广义上的“认知”，这种认识的对象包括人类自身及其主观世界，也包括自然、社会的外部世界。“认知”是一个只有起点而无终点、在实践和认知的无限往复中探索未知追求真理的过程。而“认知”的手段，从口头传授到文字印刷，从广播电视等声像技术到“信息高速公路”，已发生了多次革命性的变化。“认知”的环境，则从家庭、学校扩展到整个社会，甚至还包括网上的虚拟学习环境。

“这种学习更多的是为了掌握认知的手段，而不是获得经过分类的系统化知识。既可将其视为一种人生的手段，也可将其视为一种人生的目的。作为手段，它能使每个人学会了解他周围的世界，至少能使他能够有尊严地生活，能够发展自己的能力和进行交往；作为目的，其基础是乐于理解、认识和发现。即便那种没有直接目的去学习的情况越来越少，但由于学习有用的知识在现实生活中变得很重要，学制越来越长、空闲时间越来越多，这将使越来越多的成人能够去感受知识和个人自学带来的乐趣。扩大知识面可以使每个人更好地从各个角度来了解他所处的环境，有助于唤起对知识的好奇心，激发批判精神并有助于在独立思考的基础上去辨别是非”。也就是说，学会认知，就要有强烈的学习兴趣和动机，有探索未知的热情，有学会学习的能力，有实事求是的科学态度，有科学的学习方法。

学会认知，还要正确处理“通识教育”与“专业教育”的关系。一方面，“通”是“专”的基础。没有广博的基础，“专”就深入不下去，达不到精深的目的；另一方面，“专”对“通”又有极大的促进作用。真正精通一门专业知识，常常使人能够很快掌握相近或相关学科知识。因此，既要加强"通"的学习，又要掌握一定的专业知识与技能，要在"通"的基础上有所"专"，掌握一定的专门知识而又能融会贯通。特别是在现代新科技革命条件下，世界科技与文化、自然科学与人文社会科学已呈高度融汇渗透之势，"综合优势"与"博才取胜"正成为各国科技和教育发展的共同取向。如日本提出高等教育要培养面向国际、面向21世纪的"世界通用的日本人"；法国提出要培养"不受任何学科界限束缚的人"，使学生的知识结构由"深井型"改变为厚基础、宽口径的"金字塔型"；比利时则努力培养"能看到最不同的学科领域间的相互联系的人"。因此，应通过学习，加强基础性的语言、文化、历史、科学知识的拓展，个性品质的训练，公民意识的陶冶，以及一些不直接服务于专业教育的、人人皆需要的实际能力的培养，使自己在接受一定的通识教育之后，能以一定的知识领域为基础，向外迅速吸取各种文化领域的营养，用一种适应时代的文化内容来充实自己，扩大自己的知识范围，使心灵的内涵不断加宽加深，生活的意义及价值也变得丰富多彩起来，因而能在自身所受的专业教育中保持自由，在精神上不至于成为专业所束缚的奴隶。

学会认知，不可能在学校教育中一次完成。学习的过程永无止境，并可通过各种经历得到进一步充实。随着工作性质和内容一成不变的情况日渐减少，学习过程与工作经历结合就越来越紧密。"如果最初的教育提供了有助于终身继续在工作之中和工作之外学习的动力和基础，那么，就可以认为这种教育是成功的"。

二、学会做事（Learning to Do）

学会认知与学会做事是不可分割地联系在一起的，二者是"知"与"行"的关系。如果说学会认知的目的在于认识世界，那么，学会做事则旨在改造世界。

与"知"一样，"行"也具有十分丰富的内涵。传统意义上的"学做"，更多地与通过职业技术训练养成劳动技能联系在一起，与应用在学校所学知识与解决问题和完成任务联系在一起，现代意义上的"学做"，则要着眼于21世纪知识经济对劳动力的要求和终身学习社会对人的要求，从更深的层次上去把握。学会做事至少具有三种新的含义。

第一，在未来“生产”过程日益“非物质化”、日益“智力化”的知识经济中，“学做”将从学会掌握某种职业的实际技能，转向注重培养适应劳动世界变化的个人能力和综合素质，正如《教育——财富蕴藏其中》所指出的：“由于知识和信息对生产系统起着支配作用，专业资格的概念变得有些过时，个人能力的概念则被置于首要地位。”这种个人能力就包括除劳动技能以外的协作能力、首创能力和冒险精神，等等。

第二，在以知识、信息为基础的服务业（包括金融、咨询、管理服务和教育、卫生、社会服务等）将占越来越大比重的未来经济中，人与物质和技术的关系将降至次要地位，而人与人之间的关系，即“服务”的提供者与使用者之间的关系将居于首要地位。因此，“学做”主要不是指获取智力技能，而是指培养社会行为技能（包括处理人际关系、解决人际矛盾、管理人的群体等能力），而这些技能主要不是从课堂上和书本中去学习，而是要从工作实践和人际交往中培养。

第三，在未来社会，随着科学技术的迅速进步和经济结构的调整，一个人多次变动工作或劳动场所将是正常的事情。在这种背景下，学会做事与其说是掌握胜任某项具体工作的“本事”，毋宁说是在“认知”过程中养成的综合素质的基础上，培养适应未来职业变动的应变能力、工作中的革新能力，以及在具体的市场环境中创造新就业机会的能力。

三、学会共同生活（Learning to Live Together）

学会共同生活，是在全球化成为21世纪重要特征，是人与人之间、民族与民族之间、国家与国家之间互相依存程度越来越高的时代提出的一个十分重要的教育命题。学会共同生活，有着十分丰富而深刻的内涵。

学会共同生活，首先要认识自己，发现他人，尊重他人。“教育的使命是教学生懂得人类的多样化，同时还要教他们认识地球上的所有人之间既具有相似性又是相互依存的。因此，从幼儿开始，学校就应该抓住各种机会来进行这一双重教育”。而要“认识他人必须首先认识自己；要使青少年正确地认识世界，无论是在家庭、社会还是在学校进行的教育，都应首先使他们认识自己。只有在这个时候，他们才能真正设身处地去理解他人的反应”。所谓“设身处地”，讲的就是“由己及人”“己所不欲，勿施于人”。同时，教育作为个体社会化的过程，也注重从了解他人、他国、他民族的过程中更深切地认识自己，认识本国、本民族，这种了解和认识，始自家族，及于学校，延至社会，推而广之于国际社会和各国人民及其历史、社会、经济、政治、文化、价值观念、风俗习惯、生活方式等，并从这种深入的了解之中，培养人类的尊严感、责任心、同情心和对于祖国、同胞和人类的爱心。

学会共同生活，就要学会关心，学会分享，学会合作，学会平等对话与交流。也就是说，要学会用和平的、对话的、协商的、非暴力的方法处理矛盾，解决冲突，这对于人机之间、群体之间、民族之间、国家之间的矛盾都同样适用。

学会共同生活，不只是学习一种社会关系，它也意味着人和自然的和谐相处。从我国古代“天人合一”的传统思想到当代世界倡导的“环境保护”和“可持续发展”，无不指明了学会与自然“共处”的重要性。这种学习，像其他学习一样，也包括了知识、技能和态度、价值观念的习得和养成。

学会共同生活，主要不是从书本中学习，最有效的途径之一，就是参与目标一致的社会活动，学会在各种“磨合”之中找到新的认同，确立新的共识，并从中获得实际的经验。因此，学生应争取有更多的时间和机会，本着尊重多元性、相互了解及和平等价值观的精神，在展开共同项目和学习管理冲突的过程中，增进对他人的了解和对相互依存问题的认识。

四、学会生存（Learning to Be）

学会生存，它的理论基础就是对教育目标的阐述：“发展的目标是人的完整实现（The Complete Fulfilment of Man）。”是人作为个体、家庭成员、社区成员、国家公民、生产者、发明者、创造性的梦想者等具有丰富内涵的个性的完整实现。学会生存的立论基础还建立在对工业社会片面追求物质文明而导致“非人化”的批评之上。它认为，技术发展、贫富差别、失业犯罪正导向消费主义、享乐至上、个人主义等“人的异化”现象。因此，它强调通过教育的改造和社会的合作，使儿童成为真正意义上的“非异化的人”，成为在认知、情感、伦理、审美、身体诸方面全面发展的人，完整的而非畸形、片面发展的人。因此，“to be”的原意，在这里不应是“生存”“存在”，而应是“to be Human”，“to be complete man”，即“成为（真正意义上的）人”“成为完整的人”。

也就是说，21世纪的学习和教育“应当促进每个人的全面发展，即身心、智力、敏感性、审美意识、个人责任感、精神价值等方面的发展”；“应该使每个人尤其借助青年时代所受的教育，能够形成一种独立自主的、富有批判精神的思想意识，以及培养自己的判断能力，以便由他自己确定在人生的各种不同的情况下他认为应该做的事情”；同时，也“使他作为一个人，作为一个家庭和社会的成员，作为一个公民和生产者、技术发展者和有创造性的理想家，来承担各种不同的责任”，即学会生存，学会做人。

上述四个“学会”是一个有机的整体。在21世纪的今天，在任何一种有组织的教育中，这四个支柱中的每一个支柱都应得到同等重视，从而使学习和教育成为“受教育者个人和社会成员在认识和实践方面的一种全面的、终生持续不断的经历”。

思考题

1. 当代社会为何需要终身学习？
2. 大学生应该如何进行“四个学会”？

拓展阅读

大学生必须学会的七项技能

李开复

就读大学时，我们应当掌握七项学习技能，包括自修之道、基础知识、实践贯通、培养兴趣、积极主动、掌控时间、为人处世这几个方面。经过大学四年，你会从思考中确立自我，从学习中寻求真理，从独立中体验自主，从计划中把握时间，从表达中锻炼口才，从交友中品味成熟，从实践中赢得价值，从兴趣中获取快乐，从追求中获得力量。离开大学时，只要做到了这些，你最大的收获将是“对什么都可以拥有的自信和渴望”。

第一项学习：自修之道

教育家 B. F. Skinner 曾说：“如果我们将学过的东西忘得一干二净时，最后剩下来的东西就是教育的本质了。”所谓“剩下来的东西”，其实就是自学的能力，也就是举一反三或无师自通的能力。在大学期间，学习专业知识固然重要，但更重要的还是要学习思考的方法，培养举一反三的能力，只有这样，大学毕业生才能适应瞬息万变的未来世界。

自学能力必须在大学期间开始培养。许多同学总是抱怨老师教得不好，懂得不多，学校的课程安排也不合理。大学生不应该只会跟在老师的身后亦步亦趋，而应当主动走在老师的前面。最好的学习方法是在老师讲课之前就把课本中的相关问题琢磨清楚，然后在课堂上对照老师的讲解弥补自己在理解和认识上的不足。

大学生应当要求自己“理解”知识并善于提出问题。事实上，很多问题都有不同的思路或观察角度。在学习知识或解决问题时，不要总是死守一种思维模式，不要让自己成为课本或经验的奴隶。只有这样，学生潜在的思考能力、创造能力和学习能力才能被真正激发出来。

《礼记·学记》上讲：“独学而无友，则孤陋而寡闻。”大学生应当充分利用学校里的人才资源，从各种渠道吸收知识和方法。除了资深的教授以外，大学中的青年教师、博士生、硕士生乃至自己的同班同学都是最好的知识来源和学习伙伴。每个人对问题的理解和认识都不尽相同，只有互帮互学，大家才能共同进步。

大学生应该充分利用图书馆和互联网，培养独立学习和研究的本领。大学生一定要学会查找书籍和文献，以便接触更广泛的知识和研究成果。应尽量多读一些英文原版教材，还可以借助互联网查找各类信息。

自学时，不要因为达到了学校的要求就沾沾自喜。当你对自己的成绩感到满意时，我建议你开始自学一些国际一流大学的课程。例如，尝试美国麻省理工学院（MIT）放在网上的开放式课程。

第二项学习：基础知识

在大学期间，一定要学好基础知识（数学、英语、计算机和互联网的使用，以及本专业的基础课程）。应用领域里很多看似高深的技术在几年后就会被新的技术或工具取代，只有对基础知识的学习才可以受用终身。如果没有打下好的基础，大学生们也很难真正理解高深的应用技术。在中国的许多大学里，教授对基础课程也比对最新技术有更丰富的教学经验。

数学是理工科学生必备的基础。很多学生在高中时认为数学是最难学的，到了大学里，一旦发现本专业对数学的要求不高，就会彻底放松对数学知识的学习，而且他们看不出数学知识有什么现实的应用或就业前景。但大家不要忘记，绝大多数理工科专业的知识体系都建立在数学的基石之上。同时，学习数学知识可以培养和训练人的思维能力。学习数学也不能仅仅局限于选修相关课程，而是要从学习数学的过程中掌握认知和思考的方法。

学习英语的根本目的是为了掌握一种重要的学习和沟通工具。我们该如何学好英语呢？最重要的学习方法就是尽量与实践结合起来，不能只“学”不“用”，更不能只靠背诵的方式。读书时，尽量阅读原版的专业教材，并适当地阅读一些自己感兴趣的专业论文。提高英语听说能力的最好方法是直接与那些以英语为母语的外国人对话。此外，大家不要把学英语当作一件苦差事，完全可以用有趣的方法学习英语。例如，可以多看一些演讲、小说、戏剧甚至漫画。初学者可以找英文原版的教学节目和录像来学习，有一定基础的则应该看英语电视或电影。听英语广播也是很好的练习英语听力的方法。在互联网上也有许多互动式的英语学习网站，大家可以在网站上用游戏、自我测试、双语阅读等方式提升英语水平。

信息时代已经到来，大学生在信息科学与信息技术方面的素养也已成为他们进入社会的必备基础之一。虽然不是每个大学生都需要懂得计算机原理和编程知识，但所有大学生都应该能够熟练地使用计算机、互联网、办公软件和搜索引擎，都应能熟练地在网上浏览信息和查找专业知识。

每个特定的专业都有它自己的基础课程。以计算机专业为例，许多大学生只热衷于学习最新的语言、技术、平台、标准和工具，因为很多公司在招聘时都会要求这些方面的基础或经验。这些新技术虽然应该学习，但计算机基础课程的学习更为重要，因为语言和平台的发展日新月异，但只要学好基础课程就能够以不变应万变。

虽然我鼓励大家追寻自己的兴趣，但仍需强调，生活中有些事情即使不感兴趣也是必须要做的。打好基础，学好数学、英语和计算机就是这一类必须做的事情。

第三项学习：实践贯通

有一句关于实践的谚语：“我听到的会忘掉，我看到的能记住，我做过的才真正明白。”在大学里，同学们应该懂得每一个学科的知识、理论、方法与具体的实践、应用如何结合起来，尤其是工科的学生更是如此。

无论学习何种专业、何种课程，如果能在学习中努力实践，做到融会贯通，就可以更深入地理解知识体系，可以牢牢地记住学过的知识。因此，我建议同学们多选些与实践相关的专业课。实践时，最好是几个同学合作，这样，既可以经过实践理解专业知识，也可以学会如何与人合作，培养团队精神。如果有机会在老师手下做些实际的项目，或者走出校门打工，只要不影响课业，这些做法都是值得鼓励的。外出打工或做项目时，不要只看重薪酬待遇，即便待遇不满意，但有许多培训和实践的机会，也值得一试。

以计算机专业为例，实践经验对于软件开发来说更是必不可少的。实践性的技术要在实践中提高。计算机归根结底是一门实践的学问，不动手是永远也学不会的。因此，最重要的不是在笔试中考高分，而是提高实践能力。但是，某些学校计算机系的学生到了大三还不会编程。这些大学里的教学方法和课程的确需要更新。如果你不巧是在这样的学校中就读，那你就应该从打工、自学或上网的过程中寻求学习和实践的机会。

第四项学习：培养兴趣

孔子说：“知之者不如好之者，好之者不如乐之者。”如果你对某个领域充满激情，你就有可能在该领域中发挥自己所有的潜力，甚至为它而废寝忘食。这时候，你已经是为了“享受”而学习了。

如何才能找到自己的兴趣呢？我觉得，首先要客观地评估和寻找自己的兴趣所在：不要把社会、家人或朋友认可和看重的事当作自己的爱好；不要以为有趣的事就是自己的兴趣所在，而是要亲身体验它并用自己的头脑作出判断；不要以为有兴趣的事情就可以成为自己的职业，不过，你可以尽量寻找天赋和兴趣的最佳结合点。

最好的寻找兴趣点的方法是开拓自己的视野，接触众多的领域。大学生应当更好地把握在校时间，充分利用各种资源，通过不同方式接触更多的领域、更多的工作类型和更多的专家学者。如果你发现了自己真正的兴趣爱好，这时就可以去尝试转系，尝试课外学习、选修或旁听相关课程；你也可以去找一些打工或假期实习的机会，进一步理解相关行业的工作性质；或者，努力去考自己感兴趣专业的研究生，重新进行一次专业选择。

除了“选你所爱”，大家也不妨试试“爱你所选”。在大学中，转系可能并不容易，所以，大家首先应尽力试着把本专业读好，并在学习过程中逐渐培养自己对专业的兴趣。此外，一个专业里可能有很多不同的领域，也许你对专业里的某一个领域会有兴趣。现在，有很多专业发展了交叉学科，两个专业的结合往往是新的增长点。另外，就算你毕业后要从事其他行业，你依然可以把自己的专业读好，这同样能成为你在新行业中的优势。

在追寻兴趣之外，更重要的是要找寻自己终身不变的志向。例如，我的志向是“使影响力最大化”，多年以来，我有许多兴趣爱好，兴趣可以改变，但我的志向是始终不渝的。因此，大家不必把某种兴趣当成自己最后的目标，也不必把任何一种兴趣的发展道路完全切断，在志向的指引下，不同的兴趣完全可以平行发展，实在必要时再作出最佳的抉择。志向就像罗盘，兴趣就像风帆，两者相辅相成、缺一不可，它们可以让你驶向理想的港湾。

第五项学习：积极主动

创立“开复学生网”时，我的初衷是“帮助学生帮助自己”。但让我惊讶的是，更多的学生被动地希望我直接帮他们作出决定。被动的人总是习惯性地认为他们现在的境况是他人和环境造成的，如果别人不指点，环境不改变，自己就只有消极地生活下去。持有这种态度的人，事业还没有开始，自己就已经被击败。一个主动的学生应该从进入大学时就开始规划自己的未来。

积极主动的第一步是有积极的态度。

积极主动的第二步是对自己的一切负责，勇敢面对人生。不要把不确定的或困难的事情一味搁置起来，这将使你面前的机会丧失殆尽。对于这种消极、胆怯的作风，你终有一天会付出代价的。

积极主动的第三步是要做好充分的准备：事事用心，事事尽力，不要等机遇上门；要创造机遇，把握机遇。要做好充分的准备，当机遇来临时，你才能抓住它。

积极主动的第四步是“以终为始”，积极地规划大学四年。任何规划都将成为你某个阶段的终点，也将成为你下一个阶段的起点，而你的志向和兴趣将为你提供方向和动力。

第六项学习：掌控时间

大学四年是最容易迷失方向的时期。大学生必须有自控的能力，让自己交些好朋友，学些好习惯，不要沉迷于对自己无益的习惯里（如网络游戏）。

安排时间并不意味着非要做出一个时间表来。《高效能人士的七个习惯》一书提出，“重要事”和“紧急事”的差别是人们浪费时间的最大理由之一。因为人的惯性是先做最紧急的事，但这么做会导致一些重要的事被荒废掉。因此，每天管理时间的一种好方法是，早上确定今天要做的紧急事和重要事，睡前回顾一下，这一天有没有做到两者的平衡。

想把每件事都做到最好是不切实际的。我建议大家把“必须做的事”和“尽量做的事”分开。建议大家用良好的态度和宽广的胸怀接受那些你暂时不能改变的事情，多关注那些你能够改变的事情。

第七项学习：为人处世

大学生要好好把握机会，培养自己的交流意识和团队精神。

对于如何在大学期间提高人际交往能力，我的建议是：

第一，以诚待人，以责人之心责己、以恕己之心恕人。对别人要抱着诚挚、宽容的胸襟，对自己要怀着自我批评、有过必改的态度。与人交往时，你怎样对待别人，别人也会怎样对待你。最真挚的友情和最难解的仇恨都是由这种“反射”原理逐步造成的。

第二，培养真正的友情。如果能做到第一点，很多大学时期的同学就会成为你一辈子的知己。交朋友时，不要只去找与你性情相近或只会附和你的人做朋友。好朋友有很多种：乐观的朋友、智慧的朋友、脚踏实地的朋友、幽默风趣的朋友、激励你上进的朋友、提升你能力的朋友、帮你了解自己的朋友、对你说实话的朋友，等等。

第三，学习团队精神和沟通能力。参与社团是步入社会前最好的磨炼。在社团中，可以培养团队合作的能力和领导才能，也可以发挥你的专业特长。但更重要的是，你要做一个诚心诚意的服务者和志愿者，或在担任学生工作时主动扮演同学和老师之间沟通桥梁的角色，并以此锻炼自己的沟通能力。

第四，从周围的人身上学习。多观察周围的同学，特别是那些你觉得交往能力和沟通能力特别强的同学，看他们是如何与人相处的。

第五，提高自身修养和人格魅力。如果觉得没有特长、没有爱好可能会成为自己提高人际交往能力的一个障碍，那么，你可以有意识地去选择和培养一些兴趣爱好。共同的兴趣和爱好也是你与朋友建立深厚感情的途径之一。如果真的没有什么兴趣爱好，那么，多读些好书丰富自己的知识也可以改进自己的人际交往能力，因为没有什么比智慧和渊博更能体现一个人的人格魅力了。

（资料来源：http：//blog. sina. com. cn/s/blog _ 48c49cdf010004lt. html）

第五章　大学学习目标

第一节　大学学习目标概述

一、大学学习目标的含义

大学学习目标是指通过具体的学习内容和学习活动使大学生发生预期的、性质不同和程度不同的变化结果。大学生有无明确的学习目标，决定着他在大学学习期间是否有明确的追求，决定着他是否有积极向上的精神面貌和自觉认真的学习态度，决定着他学习效率的高低，也决定着他是否为未来的工作、学习和生活做好了充分的准备。

上述大学学习目标的定义包括三方面的含义：其一，学习目标的实现者是大学生自己，且指向每位大学生的发展，其他人不能包办代替，需要每位大学生发挥主观能动性，积极、自主、创造性地去学习才能实现自己的学习目标；其二，大学学习目标作为激发学生学习活动的直接动机，指引和调整着学生的学习活动及其相关的各种行为，并作为影响其学习行为和成效的意志、态度等情绪，贯穿于所有的学习及相关活动中；其三，大学学习目标是学习取得的成果或结果，是一个多层次、多维度的目标体系。从抽象程度而言，既有概括的总目标，又有具体的分目标，且分目标是由总目标层层分解而来；从时间的长短而言，既有长期目标，也有短期目标。当然，无论是总目标还是分目标，无论是长期目标还是短期目标都是相对的。一般而言，总目标是长期目标，分目标是短期目标。

总之，大学学习目标规定了大学生学习的指导纲领，并统率所有的学习及其相关的活动，使大学生的学习更加明确，更加有的放矢。

二、大学学习目标的作用

1. 导向作用

导向作用是指大学学习目标把学习活动引向学生所要求的明确的方向保证学习活动不偏离预定的正确轨道，产生期望的学习效果。众所周知，任何人要想成就一番事业，首先都必须设定适当的目标。没有目标，就像一只无头的苍蝇，要么随波逐流，糊里糊涂地往前走，到头来一无所获，要么碰得头破血流，伤痕累累无功而返。学生的学习行为总是受到他所追求的学习目标的引导。有了明确的学习目标，学生能清楚地知道自己的学习情况，了解学习的结果，及时调整、改进学习进程。总之，学生有了明确的学习目标，如同在黑夜中航行有了明亮的导航灯一样，指引着前进的方向。所以，学习目标很大程度上决定着学生的学习方向，指引着学生按目标的要求，集中自己所有的精力、智慧、时间，完成学习任务。

2. 激励作用

激励作用是指大学生学习目标能激发学生的学习动机、学习热情和奋斗精神，促使学生不断的克服困难和障碍，鼓励他们能积极向上。心理学家曾针对目标的激励作用做过这样一个实验：分别让甲、乙、丙三组被试沿着公路前行，到达10千米以外的小村庄。甲组不知村庄到底有多远，只知道跟着向导走，去一个小村庄，走了两三千米，有人叫苦；走了一半时，有人怨气冲天，越走情绪越低落；乙组知道目标有10千米，但路边没有路碑，走了一半有人叫苦，走了四分之三时，情绪低落，当得知目的地快到的时候精神为之一振，飞快地到达目的地；丙组知道目标有10千米，而且每千米都有路碑，大家情绪饱满，愉快地走完了全程。该实验证明，当人们把自己的行为同目标联系起来，且目标非常明确具体时，就会激励他们不停地前进，实现目标。同样，大学学习目标的激励作用也是如此。

明确、具体的学习目标使大学生认识到未来的前景，直接诱发学习动机；学习目标能增强学习的自觉性、主动性，变“要我学”为“我要学”，从而更加自主地、更加努力地学习；在遭遇困难和挫折时，学习目标能激发学生的内在潜力和意志，不屈不挠地接受考验和挑战；在实现学习目标的具体过程中，目标能给学生以鼓舞，并能增强学生的自信心和成就感。

3. 评价作用

所谓评价作用，是指大学学习目标成为衡量学生学习活动得失成败和效率高低的标尺，使学生了解实际学习结果与预期学习结果（学习目标）之间的偏差以及产生偏差的原因，有助于学生不断地对自己的学习情况进行反思、评鉴和批判，及时总结自己的成绩，发现问题，纠正错误，调整方向，提高进度、得失和效率。因此，学习目标的评价作用就在于大学生按照学习目标的具体要求，并把它作为评判自己学习结果的根据或标尺，发现自己在学习中的优缺点，并采取适当的措施，持续改进学习，更好地实现学习目的。

第二节　大学学习目标的内容及体系

一、大学学习目标构建的依据

大学学习目标不能凭空建立，也不能想当然地随意杜撰，而是要建立在充分可靠的科学依据之上。构架大学学习目标的主要依据是社会发展和学生自身发展的需要。

1. 社会发展需要

构建大学学习目标，必然要反映一定社会对人才培养的要求，因此，社会发展的需要是建构大学学习目标的客观依据。当前，我国社会对人才培养的要求集中体现在国家教育方针和高等教育的培养目标中。例如，1998颁布的《中华人民共和国高等教育法》明确规定：高等教育必须贯彻国家的教育方针，社会主义现代化建设服务，与生产劳动相结合，使受教育者成为德、智、体等方面全面发展的社会主义事业的建设者和接班人；高等教育的任务是培养具有创新精神和实践能力的高级专门人才，发展科学技术文化，促进社会主义现代化建设；本科教育应当使学生比较系统地掌握本学科、专业必需的基础理论、基本知识，掌握本专业必要的基本技能、方法和相关知识，具有从事本专业实际工作和研究工作的初步能力。

据此，教育部原副部长周远清在1999年召开的第一次全国普通高等学校教学工作会议上，根据新时期的特点和要求，提出高等教育培养的人才应具备基础扎实、知识面宽、能力强、素质高的四个特点。基础，包括基本能力、创新能力，其中创新能力是我国高等学校长期以来的薄弱环节，尤其应该加强。素质，主要包括思想道德素质、文化素质、业务素质、身体和心理素质。其中，思想道德素质是根本，文化素质是基础。

由此可见，国家教育方针和高等教育的人才培养目标集中反映了社会（包括科技、经济、文化、政治等）发展对高级专门人才培养的要求，这是构建大学学习目标的客观依据。

2. 学生自身发展的需要

大学学习目标构建的另一个重要依据是大学生自身发展的需要。学习目标必须反映学生的可持续发展和全面和谐发展的要求。

首先，大学生是可持续发展的人。学习对大学生而言，是一个不断发展自我、丰富自我、超越自我的过程。前已述及，在人的一生中，大学阶段只能取得需用知识的10%左右，而其余90%的知识都要在日后工作中不断学习才能取得。因此，大学生要获得持续发展，在社会上立足，主动适应并积极促进社会的政治、经济、文化发展，就必须奠定坚实的文化科学基础，掌握一定的学习策略知识，发展学习能力，在学习中学会学习。否则，在毕业后就难以持续发展，甚至难以生存。

其次，大学生是全面和谐发展的人。学习对大学生而言，是一个促进自我全面和谐发展的过程。于是在学习中，既要加强通识知识的学习，夯实基础，拓宽知识面，增强适应性，又要重视专业知识的学习，精通业务，学有专长。两者融会贯通，使自己具备一定的人文素养和科学素养，成为具有广博基础的专门人才。而且，在掌握知识的基础上，要进一步发展学习能力、创新能力、实践能力、社会适应能力，提升综合素质。同时，在学习中，还要加强道德修养，塑造良好的品格，树立科学的人生价值观，成为和谐的、全面发展的人。有鉴于此，大学生这些自身发展的需要，必然成为构建大学生学习目标的重要依据。

二、大学学习目标的内容及体系

基于以上分析，大学学习目标涉及学生未来发展的诸多方面，借鉴国内外有关资料，本书将大学学习目标概括为如下图所示的目标体系。该目标体系主要由知识、能力、情意三大领域组成，且每个领域又由许多要素（分目标）构成，他们相辅相成，共同影响学习目标的功能和作用，并最终实现学生的全面和谐发展。

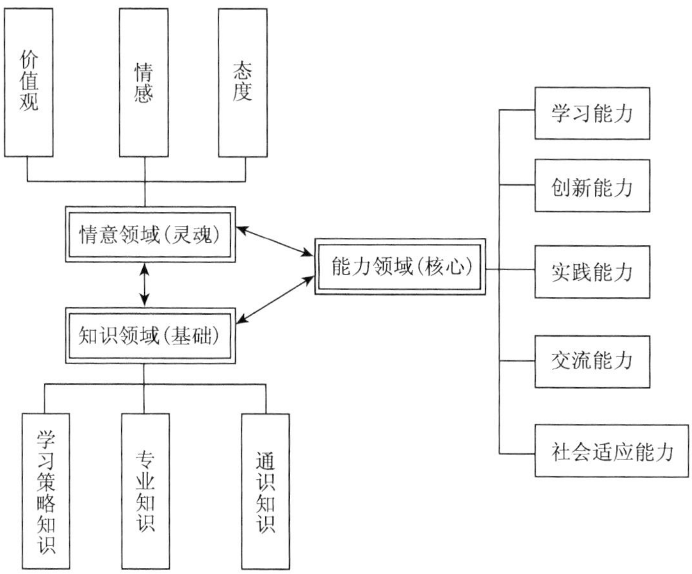

大学学习目标的内容及体系

1. 知识领域

知识领域是大学学习目标体系中的基础，从根本上影响着能力和情谊领域。知识领域主要由通识知识、专业知识和学习策略知识组成，其中：

通识知识与专业知识，是大学生作为一个现代人和一个未来的专业人员，必须了解和掌握的人类关于社会、自然和自身发展的基本文化科学知识，以及与所学专业相关的基本知识与基本理论等。

学习策略知识，是大学生（包括所有的学习者）在学习活动中进行有效学习的规律、原则、程序等知识，也包括促进学习、理解、知识与技能的获得以及重组知识库的任何想法、情感或行为等知识。学习策略知识直接影响着通识知识、专业知识的掌握、应用和创新，是当前被忽视的部分，应特别予以重视和加强。

2. 能力领域

在大学学习目标体系中，能力领域是核心。大学生不是为了知识而学习知识，而是为了更好地发展，提升能力。能力主要包括学习能力、创新能力、实践能力、交流能力和社会适应能力。在当前的时代背景下，学习能力、创新能力、实践能力是大学学习目标体系中的重中之重。

学习能力，是指能在学习中设计、监控和评价自己的学习活动的能力。例如，能自主确立具有挑战性的学习目标；能自觉、有效地利用适当的资源、技能和学习策略来实施学习计划；能监控学习进程和评价自己的学习活动；能将获得的知识、技能、策略和方法有效地运用于新的学习情境之中，等等。

实践能力，是指通过实践获取知识以及将知识、理论运用于实践的能力，也就是从实践中来，到实践中去的能力。例如，能将高度抽象的专业理论知识运用于课程设计、教学实验、生产学习、毕业实习、毕业设计等具体实践活动。能应用已有知识，分析和解决实际问题；能在迅速变化的信息社会中，了解、使用针对不同目的而选择的相应的技术；能在各种情境之中有效地把理论运用于实践，等等。

交流能力，是指与他人一起有效地学习、工作、生活，并且在各种情境中积极参与群体互动的能力。例如，能运用多种技能、策略、资源和技术，对信息进行收集、整理和传递；能利用恰当的口头语言、书面语言、体态语言、计算机技术以及其他形式，对信息进行组织、储存和提取；能发现交流中存在的问题，在必要时加以解决；能根据不同的对象、不同的交流目的和情景使用不同的交流策略；等等。

3. 情意领域

情意领域是大学学习目标体系中的灵魂，与知识、能力领域水乳交融，并对它们产生积极的潜移默化作用。情感、态度与价值观之间不仅具有相对的独立性，共同构成情意领域的主要范畴，它们还具有层次递进性，一次由低到高形成一个情意发展的连续体。情感、态度与价值观三者相互联系、相互影响、相互渗透，形成大学生的人格、心理和道德素质等。

情感是人们对客观事物与自己需要的关系的反映，是感情、内心体验、愿望、价值追求等一系列心理现象的统称。大学学习的情感目标，不仅指学习热情、学习兴趣、学习动机，还包括爱、快乐、审美情趣等内心体验和个性倾向、性格特征的形成与改变以及心灵世界的丰富等。

态度是人们对特定对象所持的一种具有内在结构的相对稳定的心理倾向。学习目标中的态度目标，不仅指学习态度、学习责任，还指在学习中形成的积极乐观的生活态度、求真创新的科学态度、宽容的人生态度，以及对社会的责任感、义务感，具有人道主义精神等。

价值观是指人们在处理普遍性价值问题上所持的立场和态度的总和。大学学习的价值目标，不仅强调个人的价值，更强调个人价值与社会价值的统一；不仅强调科学的价值，更强调科学价值与自然价值的统一，从而使学生从内心深处树立起对真、善、美的价值追求以及人的自然和谐、可持续发展的理念，并最终形成信念、信仰等最深层次的价值观以及相关的道德观。

三、大学学习目标的新取向

前已述及，我们正处于即将全面跨入知识经济时代和学习型社会的新时期。在当前这个新的时代背景下，大学学习目标凸显出新的取向——学会学习。

首先，新时代促使教育的基点发生了战略性大转移。即从重“教”转向为重“学”。这个战略性大转移，将彻底改变人们习以为常的教育教学观念、教学与学习方式，创造出一种在真正意义上尊重人的主体性、激发人的创造性、相信并注重开发人的潜能、促进人与人之间的交往与合作的崭新的教育教学观念和教学学习方式。正如叶圣陶先生曾讲的那样，“先生的责任不在教，而在教学，教学生学”，“教”是为了“不教”。同样，学生的主要责任应在“学会学”。学生学会了学，也就是“学生入了门了，上了路了，他们能在繁复的事事物物间自己探索，独立实践，解决问题了”。因此，新时期教育基点的战略性大转移，意味着大学学习目标发生新的取向，即学会学习。

同时，新时代促使学习的内涵发生了本质的革新。学习不仅是每位公民的义务，而且成为他们的基本需求和权力，进一步成为个人、组织、国家、社会进步与发展的机制。学习包括一个人整个一生（既指它的时间长度，也指它的各个方面），还包括全部社会（既包括它的教育资源，也包括它的社会和经济资源），并通过持续的学习，让每个人全部潜在的才能都能充分发挥出来。在学习时间、学习空间、学习对象等方面发生巨大的变革，更重要的是，学习目标将凸显出新的取向，即学习目的除了学习具体的知识以外，更重要的是学会学习。

作为大学学习目标新取向的学会学习，具有以下几个主要的特征：

第一，学会学习（学会认知）是学会做事、学会共处、学会做人的根本途径和基础，它不仅是学习目标，也是认知过程，其最终目标指向人的全面和谐发展。

第二，学会学习强调学习者的主体地位和主体作用的充分发挥，重视主动意识、独立意识、创造意识等主体意识的养成。

第三，学会学习和终身学习联系在一起，不受时间和空间的限制，不仅在学校、教师的指导下，而且在家庭、社会的大环境中，通过各种媒介汲取有益的信息，积极主动、自觉、自由的学习。

第四，学会学习既重视学习者的智力因素在学习中的地位和作用，又重视非智力因素的发展以及良好的行为习惯和情感态度的养成。

第五，学会学习不仅重视掌握必要的基础知识，而且更重视学习方法、现代思维训练等学习策略、元认知水平的提高，以及电脑多媒体等现代信息技术的应用，提高学习能力和学习效率。

第六，学会学习重视教师的主导作用，更重视学生的主体作用，师生在教与学活动中构成主导——主体双向互动，共同推动着学会学习的进程，实现学会学习的目的。

综上所述，在新的时代背景下，大学学习目标的新取向是学会学习。学生学会学习，培养学习能力，尤其是终身学习能力，不仅能充分发挥学生的主体作用，提高学习效率，而且能培养学生自立精神和社会责任感，提高综合素质，最终指向人的全面和谐发展。

第三节　大学学习目标的构建

大学学习目标的内容及体系为我们构建了一个大学学习目标的宏观蓝图。当然，更重要的是，需要我们从宏观走向微观，在一定的指导思想和原则的指引下，采取积极有效的策略，构建我们自己的大学学习目标。

一、构建大学学习目标的指导思想

前已述及，大学学习目标构建的主要依据是社会需要和个人需要。其中，社会需要是指政治、经济、文化等方面的需要；个人需要主要是指功利、职位、成长等方面的需要。需要是主体行为的一个内在动因，它直接或间接地支配和推动着主体的活动过程。在我们具体构建大学学习目标时，如何处理好社会需要和个人需要两者的关系，是首要的、关系到指导思想的前提性问题。

在实际操作中，通常人们对学习目标的选择、确立存在着两种不同的价值追求，即人本位的价值取向和社会本位的价值取向。人本位的学习价值取向，即认为个人需要高于社会需要，认为个人是学习目的的根本所在。其特点是重视个人的兴趣、爱好、个性的发展及某些方面的需要；社会本位的学习价值取向，即认为社会需要高于个人需要，认为个人的学习应当服务服从于社会，社会是学习目的的根本所在。其特点是重视社会的政治稳定和经济发展、文化的传承与繁荣及统治集团某方面需要。这两方面的需要表明学习所具有的社会和个人的两大功能是客观存在的。在不同时期，不同的社会环境和不同的特定条件下，由于主观认识的局限，对学习的功能价值判断论是突出社会需要，忽视个人兴趣、爱好和个性发展，或是强调个人需要，不顾社会发展的整体需要都是片面的、狭隘的、不可取的。实际上就学习的功能而言，社会功能和个人功能是统一的，两者并不矛盾。满足个人需要并可以调动个人在社会中的积极性，促使创造才能的发挥，这反过来又会促进社会的发展；而社会的发展又为个人的发展提供一定的物质基础和条件。人需要与社会需要是相互促进、互为因果、辩证统一的。

特别在当今知识经济时代，社会需要和个人需要表现出高度一致性。培养人的全面素质和创新能力是社会的需要，也是人的发展的根本。因此，适应知识经济和创新能力实施社会的需要，我们每一位大学生都应当克服片面的，尤其是克服人本位的价值观，把重视个人需要和满足社会需要结合起来，确立社会发展和个人成长相统一的学习目的观。但就价值实现的实践来看，学习的目的无论是满足社会需要还是满足个人需要，都是要通过人来实现的，因此，学习目标的着眼点必定要落实在人的发展上。因为没有人的发展，一切都是空谈。可见，人的发展才是社会需要和个人需要相结合的结合点，才是学习的直接目的。上一节阐述的大学学习目标的内容及体系，正是基于这种认识。它不仅把学习目标明确地指向了学生全面和谐的发展，而且更直接地指出了大学生要学会学习。因为学会学习追求的是长期发展的价值，实质是要建立人的持续发展的机制，使人通过掌握学习的规律和方法，形成良好的学习品格和习惯，提高自主学习的能力，从而可以在一生中获得持续的发展和提升。所以，从本质意义上讲，学会学习和人的发展是一致的。基于此，我们构建大学学习目标可以参照上述目标体系，在全面发展的总要求下，充分发挥自己个人的兴趣爱好和特长，使个体得到充分的发展。

二、构建大学学习目标的原则

1. 发展性原则

发展性原则是指构建大学学习目标时要认真、全面分析，预测社会发展和学生自身发展的需要，使学习目标具有前瞻性和超前性。

随着时代的进步与发展，社会对人才的知识广度与结构、能力结构与水平、心理与道德等方面不断地提出新的要求。大学生为了适应社会要求，不断地调整自身的发展目标。同时，大学生有自身发展的内在逻辑，其知识、能力、情义等各方面又有自身发展的内在张力，并随着学习的进程，不断地得到积累与提高。大学学习目标，就是放眼未来，预测并根据社会发展和大学生自身的发展要求与趋势，以长远的愿景和敏锐的前瞻性来构建。

2. 灵活性原则

大学学习目标不是一成不变的，它处于一种相对稳定而又不断发展变化的矛盾统一状态中。学习目标，尤其是总目标或长期目标，是相对稳定的，对学生的发展起着持续的引导作用，对学生的自我塑造、自我完善、自我超越发挥深远的影响。但是，学习目标不是一旦确定就不能更改，因为它不可能一步到位。它要根据社会和大学生自身发展的情况和学习进展情况不断地修正和调整。同时，随着认识水平的不断提高，可能会发现某些学习目标其本身具有一定的灵活性。就某种意义而言，学习目标的动态发展过程就是学生的发展过程。

3. 合理性原则

合理性原则是指所建构的学习目标要符合社会和自身的实际情况，实事求是，切实可行，具有可操作性。

合理性原则，要求全面分析、切实把握社会与大学生自身的实际情况，尤其要对自己的身体健康状况、心理的主要特征、知识储备、学习能力、兴趣爱好、优缺点、情绪意志等方面进行客观、科学、全面的分析。避免为追求超前性而将目标定得太高，结果难以实现，不仅浪费时间、精力，而且会严重挫伤自己的学习积极性。

4. 协调性原则

协调性原则有两层含义：一是指大学学习目标在总体上必须与教育方针和高等教育的人才培养目标协调，也就是说，确立的目标要符合教育方针的精神，符合专业培养目标的要求。这是学习目标在高等教育系统中的对外协调，这种协调对于构建学习目标具有指向性意义；二是指学习目标体系中各个构成要素之间的协调。也就是说，学习目标要体现德、智、体和知识、能力、情意全面和谐发展。可以有所偏重，但绝对不可有所偏废。这是学习目标自身的内部协调。这种协调对于构建学习目标具有策略性意义。

三、构建大学学习目标的策略

1. 审慎选择

大学生在构建自己的具体学习目标时，需要认真、全面而谨慎地分析相关的方方面面，并进行恰当的选择。

首先，要全面、认真地分析自己所学专业的教学计划。专业教学计划是根据国家社会经济发展对人才的需求，按照教育、教学的规律，结合现实条件而制订的。包括专业培养目标、课程设置、教学环节、学时分配等内容。其中，专业培养目标是培养学生的基本的预期结果。如果脱离自己所学的专业，不思考自己专业的人才培养计划，所制定的学习目标就会偏离方向，也较难获得成功。

其次，构建大学学习目标，还要全面、客观地审视自我。审视自我，就是认识自我，了解自己的现状和优缺点，明确自己的需求是什么，同时找到自己现在所处的位置，这个位置即是自己迈向目标的起点。知道这个起点，才会明白离目标到底有多远，才会明白达到目标还需要做多少事情，投入多少努力。从而才能知道目标的难度是否适宜，是否具有挑战性。

实践表明，只有在上述分析基础上，将专业教学计划的要求和个人的实际情况结合起来选择并确立自己的学习目标，才具有科学性和现实的可行性。

2. 周密计划

有了既定目标，就要去努力实现，但如何才能更好地实现自己的学习目标呢？这就要有实现目标的具体途径，即要有学习的计划。有了学习计划，不仅有了学习的主动权，可以提高学习效率，而且能够使学习目标更加具体、清晰，就可以更有序、更高效地组织各项学习任务的完成，最终实现自己的目标。很多事例都证明，学习的成与败，学习目标实现的好与差，在很大程度上取决于有无周密的学习计划。制订一个有效的学习计划，要遵循以下几点原则：

（1）计划性与灵活性结合。制订学习计划，目的在于通过有计划地学习，把目标转化为现实。因此，计划一旦制订之后，就要严格按计划执行，否则，计划就只是一纸空文。但任何事物都是不断发展变化的，学习也是如此。如果一味固守原来制订的计划，就会发生碰撞，阻碍学习进程，扰乱学习情绪。因此，学习计划的制订要有一定的灵活性，使计划及时适应新的情况。

（2）全面筹划与兼顾重点相结合。所谓全面筹划是指在制订计划时，不只是考虑学习，还要考虑思想道德修养、身心发展、审美情趣等。在学习过程中不只是关心知识学习，还要考虑技能的形成、能力的提高等，以求全面素质的提高。但全面发展不等于样样齐步发展，全面筹划也不等于平均使用力量，必须根据自身情况突出重点，保证将主要的时间和精力用到重点上来。所谓重点无非“扬长”和“补短”两方面，究竟如何选定重点要根据自身具体情况作具体分析。

（3）长计划与短安排相结合。所谓长计划是指大学生全学程的计划。也就是4～5年的学习计划。显然，长计划是战略性的，目的是明确主攻方向，激发奋发之情。所以，只要明确在今后四五年的学习中主要干什么、大致怎么干、各阶段准备分别解决哪些问题就可以了。短安排是指与教学计划、进度同步的一学年、一学期甚至是一门课、一个教学环节的计划。短安排是长计划的组成部分，体现了一个阶段的目标，战略性的长计划要靠一个个相互衔接的短安排逐步实现。所以，短安排一定要具体细致，注意其可操作性。

（4）劳与逸相结合。制订学习计划要在保证完成学习任务的同时，妥善安排好睡眠、休息、社交、文化娱乐活动等，以便始终保持旺盛的精力。

3. 落实措施

要实现学习目标，除了要具有途径之外，还必须要有具体的落实措施。没有具体的措施，计划就难以执行，最终目标就会落空。这些措施主要包括以下几点：

(1) 统筹规划，加强时间管理，制订学习计划表。计划表应包括月计划表、周计划表和日计划表。制订学习计划表可以达到节约用时、有效用时和优化用时的目的。同时可以培养良好的学习习惯和意志力。这不仅对于提高学习效率极有价值，而且对全面实现学习目标乃至今后的发展、成才也极其重要。

(2) 加强方法知识学习，学会运用适当的学习策略。所谓学习方法前已述及，是指学生学习时所采用的方式、手段、途径和技巧；而所谓学习策略，则是指“学习方法的方法”。常言道：“得法者事半功倍，不得法者事倍功半。”由此可见，学习方法对于学习的作用是不言而喻的。大学是人生的重要阶段，在一定意义上，实现大学学习目标是实现人生目标的重要起点，需要付出艰苦的努力，因此提高学习效率至关重要。尤其是大学学习要为人的持续发展奠定基础，要求大学生必须学会学习。而这些都离不开掌握科学的学习方法。

(3) 严格要求，建立自我管理、自我约束的机制。学习目标是蓝图，而计划只是实现蓝图的途径，要将计划变成现实，还需要经历一个执行的过程。制订计划容易，执行计划难。因为执行计划不仅要求执行者对计划抱有严肃认真的态度，而且要具有持之以恒、坚持始终的意志力，坚韧不拔、勇于克服困难的精神以及自我统筹协调的能力。因此，在努力实现学习目标的过程中，必须建立一种自我管理、自我约束的机制，保证学习计划顺利、有效地执行。这种机制的要点有二：

第一，建立计划的定期检查、评估制度。

第二，防止和排除外界的干扰和诱惑。这些干扰主要有不良信息的骚扰、过多的社会应酬、失常的异性交往，尤其是网络、游戏的诱惑等。这些干扰和诱惑在现实社会中是客观存在而且难以避免的，它不仅对我们的学习影响极大，而且对我们的人生道路的选择有不可低估的影响，必须予以重视，并在心理上、行为上加以防范。

4. 可检可测

大学学习目标的表述要尽量明确、具体、防止抽象、笼统和含混不清。尤其是短期目标要尽可能做到量化，做到可检查、可测量、可对比。不能量化的要使用规范的语言和术语，讲清学习目标的要求，以及达到学习目标的前提和条件，使学习目标具有可操作性。

思考题

1. 何为大学学习目标?
2. 如何制定大学学习目标?

拓展阅读

2014大学生学习计划

来到大学时，每一位学生首先要思考一个问题："将来会怎样?我将如何度过自己的大学生活?"同时会睁大眼睛审视现实的大学和专业，对自己的大学学习生活有着一定的设想。几多欢喜几多梦，几多失落几多愁。从高中时代进入大学时代，我们的生活和学习方式发生了很大的变化。作为一个21世纪的大学生，要想抓住机遇、迎接挑战，就必须做好学习与生活规划。充分利用我们大学美好的时光，创造一个美好人生。"人生就像一盒巧克力，你永远不知道下一口是什么味道。"这句话是阿甘正传里阿甘的妈妈所说。这不是教育我们在终点等待我们的生活，而是告诉我们在自己的人生道路上不要把时间总花在试图改变客观存在的现实上，而是应该善待自己、完善自己，喜欢上生活给予的巧克力。我不能规划自己毕业后会是什么职业，什么行业的人。但是，要明白脚踏实地的道理，人要有理想，但是不能把生活理想化。随着社会的飞速发展，人们生活节奏的日益加快，竞争越来越激烈，人际关系也变得越来越复杂。作为现代社会的组成部分，在大学中学习和生活的大学生进入社会生活后对这种变化更加敏感。

大学生面对的生活问题主要有：

(1) 对新的生活环境的适应问题。

(2) 对专业的选择与了解的问题。

(3) 心理健康问题对生活的影响。

(4) 理想与现实的冲突问题。

(5) 人际关系的处理与恋爱问题。

(6) 大学生对自我生活的定位问题。

大学生追求健康高尚的生活方式，欲做生活的强者就应做到：

(1) 要尽快适应大学生活：尽快确定新的学习生活目标；尽快适应大学的学习方法；尽快找到新的朋友。

(2) 要建立良好的人际关系，愉快地度过大学生活：谦虚谨慎，摆正位置；平等相待，真诚相处；主动，开放；心理互换与相容；合作协助，友好竞争。

(3) 保持良好、健康的心理：乐观、幽默；善于排除不良的情绪；经常帮助别人、善待他人；心胸广阔；有广泛的爱好；学会协调自己与社会的关系。

(4) 保持勤劳节俭的生活理念。

(5) 热爱生活，规划好大学生生活，做生活的强者，是21世纪的大学生做好大学生活与学习规划的基础。

北师大董琦副校长曾对新生提出以下十点期望：

(1) 志存高远（随时学习、随时记录，建立社会责任感，敢为人先）。

(2) 科技精神和人文关怀（创新、探索、务实、独立、批判、法制）。

(3) 协作能力（理解差异、尊重差异、沟通、领导）。

(4) 思维能力（对问题有深刻见解、多角度看问题）。

(5) 科学方法（事半功倍，用数据说话）。

(6) 信息能力（网络信息处理，知识管理）。

(7) 外语能力（要自主、创造性地进行外语学习）。

(8) 表达能力（书面表达、思维表达、口头表达）。

(9) 关注社会、关注国际科技发展。

(10) 体育锻炼，健康体魄（让锻炼成为生活的一部分）。

大学生职业规划之学习规划

大一彷徨，大二呐喊，大三伤逝，大四朝花夕拾。大学四年，每个人都会有收获、有遗憾，有坚持、有后悔，有成功、有失败，有回忆、有空白……到快毕业，工作、考研或出国等尘埃落定，一定会缅怀自己燃烧过的四年，想到自己取得的成绩，嘴角会流露满意的喜悦；想到未取得的遗憾，又会有一种追求卓越的悔伤。

是否曾觉得自己每天都在忙碌，但当别人问起，却不知在忙碌什么；

是否曾觉得自己每周都在上课，但当问及自己，却不知学到什么；

是否曾觉得自己每月下来，竟没进过几次图书馆，没读过几本书；

是否曾觉得每学期只有期末或考试前才认真读几页书；

也是否曾在找工作时因为没有一口流利的英语或扎实的计算机水平等，而与好工作失之交臂……

大学四年，你有过自己的大学生职业规划吗？在即将走出校园时你是否会想："如果能重新过一次大学生活，我将……"

有一句名言：人的一生应当这样度过：当一个人回首往事时，不因虚度年华而悔恨，也不因碌碌无为而羞愧。本文阐述一些大学学习存在的案例或现象，吸收优秀的学习方法和学习计划，给在大学中做大学生职业规划的读者一些建议。

一、大学生职业规划执行准备之基础知识——英语、计算机

1.21 世纪里最重要的沟通工具——英语

学习英语的根本目的是为了掌握一种重要的学习和沟通工具。世界上最全面的新闻内容，最先进的思想和最高深的技术，以及大多数知识分子间的交流都将用英语进行；在软件行业里，不但编程语言是以英语为基础设计出来的，最重要的教材、论文、参考资料、用户手册等资源也大多是用英语写的。学好英语是为了更好地交流和沟通，学习西方的先进思想和先进科学技术，走向世界。

在大学期末考试或四六级考试时，不要以为裸考能创造奇迹，我就是亲身经历和目睹过四级裸考得 424 分（425 分及格）；不要总寄希望于下次考试，我也目睹过到大四下学期还没过四级的同学的痛苦；也不要因为考试或求职才学习英语，要将它作为一种技能去好好学习和掌握，并且应该建立良好的学习方法和学习计划。

(1) 正确对待网络，视听学英语。

A. 背单词。英语是靠一个一个单词积累起来的，单词在英语中的地位举足轻重！但兴趣是学习之本，背单词并不是买一本英语单词书从 A 背到 Z，要克服枯燥和懒惰，掌握方法，不然背单词就容易忘了背、背了忘。

首先，给自己量身打造一个可行的日计划或周计划。计划赶不上变化，所以一定要对自己的计划进行执行、控制、反思；其次，背单词时要掌握方法，借助科学的方法帮助记忆。互联网上有在线背单词的系统，在背单词的同时，会有科学的方法提醒你记忆，比如通过看图识单词，根据动画片的一些动作或场景，将单词可理解性地输入脑海中，形成条件反射，而不单单是枯燥地拓展一下语法、背诵一些句子进行记忆。此外，还可以借助发音、游戏、单词测试、社区和朋友一起背单词互动等帮助记忆；最后，背单词要学会举一反三。背单词时需要联想记忆，可举一反三单词的词根、近义词、反义词、常用语，等等。

B. 听说英语。英语作为一种沟通工具，主要用途还是在于应用，即听说。听说能力是大学生职业规划中需要重点考虑的一项技能。听说英语最重要的学习方法是“习得”而不是“学得”。“习得”过程类似于儿童母语能力发展的过程，是一种无意识地、自然而然地学习第二语言的过程。“学得”，即通过听教师讲解语言现象和语法规则，并辅之以有意识的练习、记忆等活动，达到对所学语言的了解和对其语法概念的“掌握”。悉得的结果是潜意识的语言能力；而学得的结果是对语言结构有意识的掌握。

克氏理论认为：语言的掌握，都是在“可理解的”真实语句发生（即我们前面探讨的有效的声音，也就是可以懂意思的外语）下实现的；都是在放松的不反感的条件下接受的；它不需要“有意识地”学习，训练和使用语法知识；它不能一夜速成，开始时会比较慢，说的能力比听的能力实现得晚。此即二语习得。

首先，要建立声音和图像的直接联系，就是要在听到发音时能条件反射其意思。可以通过看图识音、全身反射法来锻炼，可以通过游戏，在听到发音后能立刻反映出相对应的图片，也可以通过肢体语言做出发音的相应动作来练习。这样就可以掌握一些可理解性的词或英语内容。其次，可以进行一些可理解性听力的训练（不然就是浪费时间），选择一些适合的电影或连续剧（如《老友记》等），通过看剧中各个对话场景，不刻意地在脑海中翻译理解对话内容，有必要的话，利用互联网工具和资源进行反复观看，并模仿发音练习。当然，在看英文电视剧或电影时，第一遍可以先看一下字幕，熟悉生词和字幕，第二遍、第三遍不看字幕，仅靠耳朵去听，仔细体会人物说话的意思、发音、语调、节奏等，等到自己跟得上、听得懂时可以跟着发音练习自己的口语。等到自己听力水平基本跟得上原版电影或者英语新闻时，便可以适当针对性地说英语，进行英语阅读。当然听力也不能松懈，可以继续找一些好的学习材料（如英文歌曲、名人演讲、电台录音等）来练习。这样，坚持一段时间，外企一般职位面试、出国求学、国外生活和从事一般技术型工作等就可以应付了。

（2）利用学校资源，勇于实践。

大学是人生的关键，是认识自我、充实自我的平台，我们得学会利用学校的资源（如图书馆、电子阅览室、英语角等）。在图书馆我们可以有在线的英语学习课堂；能查到与专业相关的外文文献和图书，可以拿来阅读，这样能提高英语和相关专业的知识水平。每个学校基本上都会有类似“英语角”的活动，可以当面和老外对话，这样对于自己的听力和口语的提高是非常有帮助的，阿里巴巴创始人马云中学时代就坚持到西湖边当老外的“导游”，练就了一口流利的口语。

总之，善用网络，勇于实践，持之以恒是英语学习进步的必由之路。

2. 信息时代必备——计算机

信息时代，大学生在信息科学与技术方面的素养也已成为进入社会的必备基础之一。计算机能力也是大学生职业规划中需要重点考虑的一项技能。虽然不一定要每个大学生都懂得计算机原理和编程知识，但应能熟练地使用互联网、办公软件和搜索引擎，否则，就无法快捷全面地获得自己需要的知识或信息。

现在的大学校园里，多数同学买电脑是用电脑来玩游戏、上网，有的甚至因为游戏而荒废了学业。其实，运用计算机更好地学习、工作，才是学习计算机的目的。对于如何学习计算机知识，许多人还不知道怎样着手，下面是几点学习方法和学习心得。

（1）树立信心。有很多人误以为学习计算机很难，其实并非如此，必须树立“容易学”的信心，这样你才能有一往无前的勇气。不然，一看到代码或者新专业名词就会头晕，无心再学下去。

（2）踏实坚持。学计算机必须踏实地打好基础，基础课程是计算机根基，而那些新的语言、技术、平台、工具等都是上层建筑。不能急于求成，急于追求社会上最流行的技术，很可能最后就只知道皮毛。学习计算机语言时就像学英语一样，有“词汇”“语法”等基础，只有扎实了这些才可能修炼到视、听等更高层次。

（3）学以致用。学习了一些计算机知识后，最好是亲自实践一下，这样理解就会更加深刻！老师的讲解虽然通俗易懂，自己听过后只是留下了初步的印象，如果自己不实践，很可能会在一两天后就忘记。但当自己实践后，就能发现问题，如果自己能通过自己的实践做出成果，就会树立信心，以一种成就感和兴趣继续坚持学习。

二、大学生职业规划执行准备之专业知识

部分大学生到毕业时都不知道自己专业能做什么，自己想从事或能做什么，从未做过自己的大学生职业规划。大学是一个认识自己、发现兴趣、塑造自己的过程，这也是大学生职业规划的过程。

在大学发现自己的兴趣需要不断经历，拓宽视野，接触众多领域。只有接触和尝试了才能发现什么是自己喜欢的、什么是适合自己的，这样才能规划好自己的职业。在大学，学习专业知识时，也应该掌握学习方法和学习计划。抓住在大学的时间利用学校的资源，通过使用图书馆资源、旁听课程、搜索网络、听讲座、社会实践、参加社团活动、与朋友交流、使用电子邮件和电子论坛等不同方式接触更多的领域、更多的工作类型和更多的专家学者，发现自己的兴趣（与自己大学生职业规划中以后想从事的职业相关）。

发现自己的兴趣后，就需要对自己的方向进行定位，在必要的时候可以在大学调整自己的专业，以免在求职时受阻。

在给自己定位后，就需要对自己进行人生或大学生职业规划，这样自己才会有重点，利用大学有限的时间和精力来钻研自己的兴趣，掌握自己的专业知识，进而塑造自己。

三、大学生职业规划执行准备之大学软学习——时间管理、为人处世

大学期间，很多人会因为蹉跎度日而空虚，因为碌碌无为而惶恐，归根结底还是没有管理好自己的时间。时间的重要性其实每个人都懂，但需要科学的管理，自己才会充实。下面列举几点学习方法和学习计划：

（1）将自己每天要做的事情罗列出来，按重要程度进行排序，写在便笺上。

（2）按照重要程度将自己的事情一件件处理，处理完的在便笺上画掉。

（3）晚上利用一点时间学习反思当日所做之事。

坚持日事日毕，日思日睿，自己才会每天成长进步，进而逐步形成一种习惯，潜意识地约束自己。在生活中，为人处世一定要记住“存在就是合理”。以一种欣赏的眼光看待人或事，选择性吸收好的，摒弃坏的。为人处世毫无理论可言，需要靠自己以一种阳光的态度对待生活，慢慢发现。

祝您在大学早日认识自己，做好大学生职业规划，一切顺利！

第六章　核心素养与学习

第一节　核心素养概述

一、素养的来源和含义

《后汉书·刘表传》中写道："越有所素养者，使人示之以利，必持众来。"同时，《汉书·李寻传》中也提到："马不伏历，不可以趋道；士不素养，不可以重国。"宋代陆游的《上殿札子》中写道："气不素养，临事惶遽。"元代刘祁的《归潜志》卷七中写道："士气不可不素养。如明昌、泰和间，崇文养士，故一时士大夫，争以敢说敢为相尚。"郭沫若在《洪波曲》中写道："他虽然是一位经济学专家，而对于国学却有深湛的素养。"

素养是指一个人的修养，与素质同义。从广义上讲，包括道德品质、外表形象、知识水平与能力等各个方面。在知识经济的今天，人的素养的含义大为扩展，它包括思想政治素养、文化素养、业务素养、身心素养等各个方面。《辞海》对素质一词的定义有以下三个方面：第一，人的生理上生来具有的特点；第二，事物本来具有的性质；第三，完成某种活动所必需的基本条件。

二、核心素养的时代背景

当今世界所有最著名的核心素养研究框架，无论源自国际组织还是特定国家，均指向于21世纪信息时代公民生活、职业世界和个人自我实现的新特点和新需求。因此，"核心素养"的别称即"21世纪素养"（21

Century Competences）或“21 世纪技能”（21 Century Skills）。例如，研究核心素养最著名的国际组织为经济合作与发展组织（OECD）与欧盟委员会（European Commission），前者核心素养框架的总名称为“为了新千年学习者的 21 世纪技能和素养”（21 Century Skills and Competences for New Millennium Learners），后者的核心素养框架则是建立在前者研究的基础上，其名称为“为了终身学习的核心素养”（Key Competences for Lifelong Learning），二者均旨在应对 21 世纪信息时代对教育的挑战。世界上研究核心素养最著名的国家为美国，其中执牛耳的研究组织为美国教育部与苹果、微软等公司机构联合发起的“21 世纪技能伙伴协会”（Partnership for 21st Century Skills，P21），以及思科、英特尔和微软赞助成立的“21 世纪技能教学和评估委员会”（Assessment and Teaching of 21st Century Skills），二者均指向于 21 世纪信息时代的新特点和新需求。

信息通信技术和全球化使人的社会生活发生深刻变革。在信息时代，每一个人都是“数字公民”（Digital Citizenship），怎样合法地、道德地、负责任地使用信息通信技术？如今，世界各地的人工作、生活、交往在一起，社会和文化变得空前复杂和多元，怎样处理文化差异和多元化社会？怎样处理与他人的关系，并与他人合作？在日益多元化的社会中，价值观、宗教信仰、情感、观点、利益、人际关系等的冲突是不可避免的，怎样管理和化解人际冲突？在日益网络化的社会，怎样运用包括信息技术在内的各种手段发展“社会资本”（Social Capital）、“社会技能”（Social Kills）和“跨文化素养”（Intercultural Competencies）？信息时代为社会民主和公平提供了新的机遇和挑战，怎样消除社会不公、促进社会民主？怎样在信息时代做民主社会的公民？诸如此类的问题均对世界教育提出了挑战。

信息时代为个人自由或自我实现提供了前所未有的机遇与挑战。一方面，无穷尽的信息洪流、急剧加速的社会流动、快速发展的科学技术、大量涌现的新职业、变幻莫测的虚拟世界，诸如此类的新事物为个人选择和个性自由的实现提供了新的机遇和条件；另一方面，每一个人又被淹没在信息洪流中，饱受信息过载、信息焦虑和信息疲劳的折磨；虚拟世界又有可能使个人身份迷失、自我概念模糊；社会和职业的快速变化对个体的适应能力提出了空前挑战。个人如何在日益多元而快速变迁的信息时代、全球化时代和知识社会中自主行动，成为关系个人和社会发展的新课题。这意味着个体必须“拥有强大的自我概念（Self Concept）”和“将个人的需要和需求转化为意志行为”的能力。这些意志行为包括：决策、选择与行动。正是信息时代经济新模式和职业新形态、社会生活的新特点和个人自我实现的新需求，对传统的工业时代的教育提出了挑战，核心素养概念应运而生。

三、核心素养的定义（杭州师范大学张华教授）

1. 欧盟的定义

为应对全球化、知识经济和信息时代的挑战，欧洲理事会（European Council）将提供“新基本技能”（The New Basic Skills）作为优先策略，同时强调终身学习，“让学习从学前阶段延展到退休以后”。2001 年 3 月，欧盟理事会批准成立“教育与培训 2010 工作项目”，意为到 2010 年要建立起适应知识社会所需要的欧洲教育和培训新体系，其核心是形成欧洲核心素养框架。2006 年 12 月 18 日，欧洲议会（European Parliament）和欧洲理事会联合批准这一框架，框架名称为“为了终身学习的核心素养：欧洲参考框架”，该框架由此成为欧盟及其成员国建立信息时代教育的纲领性文件。该框架既汲取 OECD“迪斯科”计划的成就，又充分体现欧洲教育的特色和发展需要。其目的在于：开发欧洲知识社会所必需的核心素养，以作为未来教育目标；为欧盟成员国实现核心素养目标提供支持。欧盟对“素养”界定如下：“素养是适用于特定情境的知识、技能和态度的综合。”这里的“情境”（Context）主要指个人情境、社会情境和职业情境。与此同时，欧盟对“核心素养”这样界定：“核心素养是所有个体达成自我实现和发展、成为主动的公民、融入社会和成功就业所需要的那些素养。”这显然是从具体功能的角度界定核心素养。那么，究竟哪些是所有个体所需要的核心素养？

欧盟列出了八大核心素养：①母语交际；②外语交际；③数学素养和基础科技素养；④数字素养；⑤学会学习；⑥社会与公民素养；⑦首创精

神和创业意识（Sense of Initiative and Entrepreneurship）；⑧文化意识和表达。对每一核心素养，欧盟首先给出了清晰界定，然后从必要知识、技能和态度三方面做出了明确说明。这八大素养“同等重要”，“因为每一个都会对知识社会的成功人生作出贡献”。其中，许多素养之间相互重叠、彼此交织。由于这些素养名称均着眼于结果，且与具体学科和生活相联系，对人的具体心智过程和心智能力未予明示，故《欧洲参考框架》的制定者又特别做了如下说明：“有几个主题应用于整个《参考框架》之中：批判性思维、创造性、首创精神、问题解决、风险评估（Risk Assessment）、采取决策以及建设性管理情绪，在八个核心素养中均发挥作用。”这意味着以上所列心智过程和能力作为“暗线”贯穿、渗透于八大核心素养之中。

2. OECD 的定义

经济合作与发展组织（OECD）在瑞士联邦统计局（Swiss Federal Statistical Office，SFSO）的领导下，在美国教育部教育统计中心（National Center for Education Statistics，NCES）的大力协助下，于 1997 年年末启动核心素养框架项目，即“素养界定与选择：理论与概念基础”（Definition and Selection of Competences：Theoretical and Conceptual Foundations），简称“迪斯科”计划。本项目的直接目的是为 OECD 国家于同年启动的“国际学生评定计划”（Programme for International Student Assessment，PISA，简称“匹萨”计划）提供理论基础和评价框架，同时服务于另一个针对成人素养的国际评价计划“成人素养与生活技能调查”（Adult Literacy and Life Skills Survey，ALL）。“迪斯科”计划于 2003 年发表最终报告《为了成功人生和健全社会的核心素养》，标志着 OECD 核心素养框架的完成。该项目历时 6 年，汇集社会学家、评价专家、哲学家、人类学家、心理学家、经济学家、历史学家、统计学家、教育学家、政策制定者、政策分析者、工会、雇主、国内和国际机构等众多专家和利益相关者，至少调动 12 个国家的专业力量，经历多年理论与实践的检验。因此，我们有理由说，“迪斯科”计划代表国际核心素养研究的最高水平。

为适应技术的快速而持续变化、社会日益差异而多元、全球化所创造的人与人相互依赖的新形式，OECD确立“素养”观念。但它意识到“在社会科学中，并没有关于素养概念的单一的使用，也没有广泛接受的界定和划一的理论”。既然如此，OECD在为素养下定义时采用的是一种“实用性概念取向”，力图使所下定义“尽可能明确、言之成理、科学上可接受”。基于此，OECD将“素养”一词简洁界定如下：素养（competency）不只是知识与技能，它是在特定情境中，通过利用和调动心理社会资源（包括技能和态度），以满足复杂需要的能力。例如，有效交往的能力是一种素养，它可能利用一个人的语言知识、实用性信息技术技能，以及对其交往的对象的态度。

首先，素养的共同价值基础是民主价值观与可持续发展。“所有OECD社会均对民主价值观的重要性和实现可持续发展达成共识。”这是OECD核心素养框架的价值基础，亦是“复杂需要”的价值内涵。

其次，素养是一种以创造与责任为核心的高级心智能力。“大多数OECD国家均重视灵活性、创业和个人责任心。不仅期待个体具有适应性，而且期待个体具有创新性、创造性、自我导向并自我激励”。

素养当然包括知识和技能因素，但绝不是其简单叠加。恰恰相反，唯有使知识和技能回到个人生活、社会生活和职业世界的具体情境中去探究与实践，方有素养的形成与发展。因此，素养的核心是反思性思考与行动。“反思性（reflectiveness）正居于核心素养之中心”“反思性思维需要相对复杂的心智过程，并要求思考过程的主体成为其客体”。反思即回到自身，将自身作为思考的对象，通过持续思考自身而不断调整自己的思考和行动。一如杜威所言，这个过程即探究或问题解决的过程。反思性亦体现了人的心智的自主性。“核心素养拥有心智的自主性，这包含了一种对生活的主动且反思的取向。核心素养不仅要求抽象思维和自我反思，而且要求人们将自身与其社会化过程保持距离，甚至与其价值观保持距离，由此使人成为自身立场的原创者”。无论反思性还是心智自主性，均体现出素养是一种复杂的高级心智能力。这种能力将创造性与责任心化为一体，是一种负责任的创造性，或道德的创造性。

再次，素养是后天习得的，而非与生俱来的心理特征。“素养本身是在有利的学习环境中习得的。”这里的“学习环境”不仅包括学校环境，还包括家庭、社会、职业、经济、政治、文化等各种校外环境。非但如此，素养的获得在时间上又是一个持续终身的学习过程。

最后，素养既是跨领域的，又是多功能的。所谓“跨领域”（transversal），是指素养在学校中表现为跨学科性，在学校外则指跨越不同社会领域，如政治领域、社会网络、人际关系等。所谓“多功能”（multifunctional），是指素养能够满足个人生活、社会生活和职业世界各不相同的重要需要，帮助个人达到各不相同的重要目标、解决不同情境中的各类问题。适应不同情境之需要的素养种类繁多、难以穷尽。OECD“迪斯科”计划所采取的策略是：本着实用的目的，选择并确立最根本、最关键的素养，是谓“核心素养”（Key Competencies）。每一个核心素养均需满足三个条件：①对社会和个体产生有价值的结果；②帮助个体在多样化情境中满足重要需要；③不仅对学科专家重要，而且对所有人重要。这体现出核心素养的三个特性，即价值性、迁移性、民主性。为此，OECD确立了三类核心素养：①交互使用工具的能力，具体包括：交互使用语言、符号和文本的能力；交互使用知识和信息的能力；交互使用技术的能力；②在异质群体中有效互动的能力，具体包括：与他人建立良好关系的能力；合作能力；管理并化解冲突的能力；③自主行动能力，具体包括：适应宏大情境的行动能力，形成并执行人生规划和个人项目的能力，维护权利、兴趣、范围和需要的能力。三类核心素养的内在逻辑是人与工具、人与社会、人与自我之关系。三类核心素养既非彼此割裂，亦非机械组合。恰恰相反，它们有机联系、互动、整合，是适应不同情境的需要而不断变化的动态结构（constellation）。由此观之，OECD核心素养框架研究起步早、站位高，理论基础雄厚，逻辑体系完整。加之同时经历“匹萨”计划针对义务教育终结阶段学生三年一次大规模检验和“成人素养与生活技能调查”计划的检验，其科学性不断获得发展与确认。总之，“迪斯科”计划引领了世界核心素养运动。

3. 美国的定义

20世纪90年代初，伴随个人电脑和互联网的应用，世界经济的许多方面均发生转型。尤其是中国改革开放以后，中国快速成为“世界工厂”，这加速了美国经济的转型：经济发展的“外购”（outsourcing）和“离岸外包”（offshoring）时代到来。为顺应经济变化，美国劳工部长于1991年成立了一个高端专家工作委员会，主要完成两项任务：确定21世纪所需要的工作技能；评估美国学校是否正在教授这些技能。该委员会于2000年发表《学校需要什么工作》的研究报告，指出：“学校尽管诚实而有意识地努力适应新需要，但由于缺乏清晰且一贯的指导，学校依然延续着近百年前设计的教育体制和方法论，它所满足的企业组织的需要已迥异于今天。”这对工业时代的教育体制、内容和方法提出了严峻挑战。2002年，美国教育部连同苹果、思科、戴尔、微软、全美教育协会等有影响力的私有企业和民间研究机构，成立“21世纪技能伙伴协会”，简称“P21”，开始系统研制适应信息时代和知识经济所需要的“21世纪技能”，波澜壮阔的“21世纪技能运动”（The 21st Century Skills Movement）拉开帷幕。经过几年努力，“21世纪学习框架”及相应的课程体系和研究报告系统推出。如今，P21项目已进入第二个10年，美国越来越多的学校、学区和州采纳并实施该框架。它已成为引领美国乃至世界构建信息时代和知识社会课程体系的重要理论和实践基础。在P21项目中，“21世纪技能”相当于OECD和欧盟框架中的“核心素养”。P21项目这样界定“21世纪技能”：“21世纪素养（literacy）远超出基本的读、写、算技能。它意指如何将知识和技能应用于现代生活情境。”由此看来，“21世纪技能”有两个基本内涵：第一，它是一种高级技能或“素养”，其对应范畴是“基本技能”（Basic Skills），尽管它从不否认后者；第二，它是情境关联的，是知识和技能应用于21世纪生活和工作情境的产物。基于这种认识，P21项目开发出了详尽的“21世纪学习框架”。该框架由两部分构成：①核心学科与21世纪主题；②21世纪技能。前者侧重知识，后者侧重技能，二者相互依赖，彼此交融。“学习、信息和生活技能，唯有与核心学科知识建立联系的时候，才能产生意义。反之，核心学科知识唯有通过21世纪技能而获的时候，才能被深入理解”。在该框架中，“核心学科”（Key Subjects）包括：英语、阅读或语言艺术（Language Arts），世界语言（World Languages），艺术，数学，经济学，科学，地理，历史，政府与公民（Government and Civics）。值得注意的是，经济学成为了核心学科之一。“伙伴协会相信，21 世纪教育必须建立在坚实的学科知识基础之上。”但这里的“学科知识”（Content Knowledge），“不是指储存一堆事实”，而是指学科观念和思维方式，其目的在于让学生像学专家那样去思考。一如杰出心理学家、教育改革家布鲁纳（J. Bruner）所言：“知识是过程，而非产品。”“21 世纪主题”（21st Century Themes）包括：全球意识、金融、经济、商业和创业素养（literacy）、公民素养、健康素养、环境素养。所有这些主题，均是源自 21 世纪情境的跨学科主题，旨在帮助学生解决复杂的个人、社会、经济、职业和全球问题。因此，“21 世纪主题”不仅要求建立学科知识和真实生活情境的联系，还要建立不同学科知识彼此间的内在联系，它着眼于培养学生的跨学科意识和运用多学科知识解决复杂问题的能力。“21 世纪技能”包括相互联系的三类：①学习与创新技能，包含“创造性与创新”“批判性思维与问题解决”“交往与协作”三种技能；②信息、媒介和技术技能，包含“信息素养”“媒介素养”和“信息通信技术素养”三种技能；③生活与生涯技能，包含“灵活性与适应性”“首创精神与自我导向”“社会与跨文化技能”“生产性与责任制”（Productivity and Accountability）“领导力与责任心”五种技能。三类“21 世纪技能”的逻辑关系是：运用“21 世纪工具”（21st Century Tools）发展学习技能与生活技能；学习技能侧重认知性素养，生活技能侧重非认知性素养，二者相互促进、相得益彰。由于“技术已经并将继续成为 21 世纪工作场所、社区发展和个人生活的驱动力量”，明智、负责任和创造性地选择和使用技术成为 21 世纪公民的基本素养，因此学生应发展信息素养、媒介素养和信息通信技术素养。由于创造、创新和创业已经并将继续成为 21 世纪知识社会的主旋律，学生需要发展学习和创新技能。由于全球化和信息通信技术的发展，个人生活、社会生活、文化生活、职业世界的多样性、复杂性、异质性和相互依赖性空前加剧，成功人生和健全社会要求学生必须具有生活和生涯技能。我们可由此发现“21 世纪学习框架”的如下典型特点：第一，它把核心学科和 21 世纪主题与 21 世纪技能既做了清晰区分，又使二者有机融合，由此使知识与技能相得益彰；第二，它把核心学科与具有跨学科性质的 21 世纪主题既做了清晰区分，又使二者有机融合，由此使学科课程与跨学科课程相得益彰；第三，它对21世纪技能做了清晰分类，又恰当处理了彼此间关系，由此形成完整的21世纪技能或素养体系；第四，它为如何实施“21世纪学习框架”提供了完备的支持系统，包括“21世纪标准”“21世纪评价”“21世纪课程与教学”“21世纪专业发展”“21世纪学习环境”五个彼此联系的子系统，由此为框架实施提供了保障。

4. 世界著名的定义

荷兰学者沃格特（Joke Voogt）等人在对世界上著名的八个核心素养框架进行比较分析以后，得出如下结论：①所有框架共同倡导的核心素养有四个，即协作交往、信息通信技术素养、社会和（或）文化技能、公民素养；②大多数框架倡导的核心素养是另外四个，即创造性、批判性思维、问题解决、开发高质量产品的能力或生产性。

第二节　核心素养视野下的大学生学习

前文提到了核心素养的概念和定义。那么，大学生的核心素养究竟有哪些？

一、“三创”能力

创造能力就是运用一切已有信息，创造出某种新颖、独特、有社会或个人价值的产品的能力。这种产品可以是新概念、新设想、新理论，也可以是新工艺、新技术或新的物质产品。很多研究表明，智力测验成绩和创造力测验成绩关系不大。J. P. Guiford 曾经对智商在70～140分的学生进行创造力测验，结果表明：高创造力者的智商都在中等水平（智商的中数为100）以上；智商低的人创造力也低；智商在中等以上的人中，有的人创造力高，有的人创造力很低。具有中等以上的智力水平是创造力发展的基本条件，高创造力必须具备中等以上的智力水平。

创新能力是技术和各种实践活动领域中不断提供具有经济价值、社会价值、生态价值的新思想、新理论、新方法和新发明的能力，是经济竞争的核心。当今社会的竞争，与其说是人才的竞争，不如说是人的创造力的竞争。

创新是指以基于现有的思维模式提出有别于常规或常人思路的见解为导向，利用现有的知识和物质，在特定的环境中，本着理想化需要或为满足社会需求，而改进或创造新的事物（包括产品、方法、元素、路径、环境等），并能获得一定有益效果的行为。

创业能力指拥有发现或创造一个新的领域，致力于理解创造新事物（新产品，新市场，新生产过程或原材料，组织现有技术的新方法）的能力，能运用各种方法去利用和开发它们，然后产生各种新的结果。

那么，大学生在大学学习过程中需要树立“三创”能力，从大一开始就需要不断培养自己的创新、创业、创造能力。

二、学会学习能力

大学生需要树立学会学习的能力，那么需要做到以下几个方面：

1. 树立正确的学习观念是学会学习的前提

在学习观念上，学生必须树立以下六个方面的观念：

（1）勤奋学习的观念。学习本身就是勤奋和努力的过程，这个观念是对传统学习观念中的精华的继承。勤奋是学习、成才与作出贡献的重要前提条件，是成功的基石。“天才就是勤奋”。所以勤奋学习的现象是整个学习观念系统中最基本的概念，学生一定要在学习中，长期坚持不懈地进行勤奋学习。

（2）全面学习的观念。作为终身学习的一个环节，中学教育仍然是基础教育阶段，德、智、体、美、劳诸方面都要打好基础，才能向着和谐的全面发展的方向成长、成才。只有多方面而又合理地同步发展，才能成为能文能武、德才兼备的新型人才，才能担负建设国家的重任。

（3）自主学习的观念。在教育教学过程中教师起主导作用，但学生是学习的主体。自主学习的观念包括自我走向、自我识别、自我选择、自我培养、自我控制、自我评价等几个方面。自主学习的观念有利于提高学生自求得之的能力。

（4）实践学习的观念。学习的最终目的在于运用于实践，任何一门学科的知识都是需要通过实践才能得到巩固和深化。学生必须坚持这一观念，做到“学以致用”。

(5) 科学学习的观念。学生要知道什么是学习，为什么要学习，要学习些什么，如何去学习。学生要认识到世界上最有价值的知识是关于方法的知识。科学的学习方法是求知的飞舟、学习的翅膀，是一把打开智慧宝库的金钥匙，使自己成为“勤奋+方法型”的学习者，成为讲求学习效率的、学习得法的优秀学生。因此，学习的科学性是十分必要的。

(6) 终身学习的观念。学习将是一种终身过程，漫漫人生路其实就是不断学习知识的过程，中学生必须树立终身学习的观念。

2. 培养浓厚的学习兴趣是学会学习的内动力

要取得良好学习效果必须要有浓厚的学习兴趣。兴趣是走向成功的第一步，学习兴趣对学习起着巨大的推动力，有利于提高学生的学习积极性和学习效率；兴趣是最好的老师，学生的学习兴趣是直接影响学生学习成果的主要因素。只有调动起了学生的学习兴趣，才有可能使之主动、自觉地学习，也才有可能取得最终的成功。导致学生对学科失去兴趣的原因主要有以下几个原因：①基础不好；②产生自卑感；③觉得学了没用；④不适应老师的教学方式。所以学生要培养学习兴趣，就要做到：打好基础；克服自卑感；去除“学了没用的观念”；尽快适应老师的教学方式。培养浓厚的学习兴趣，关键是艰苦学习，当自己真正为学习付出努力，取得成功，获得喜悦时，兴趣就会随之而来。

3. 掌握科学的学习方法是学会学习的关键

所谓学会学习，在某种意义上就是学会学习的方法。科学的学习方法不仅有助于在学习活动中少走弯路，有利于培养和提高各种学习能力，提高学习效率，而且更重要的是它是人们攀登学习高峰，学有所成必不可少的重要因素。学习方法就是学生学习时所采用的方式、手段、途径和技巧。“学习有法，学无定法，贵在得法”，最好的学习方法是适合自己的学习方法。所以学生必须探索适合自己的学习方法。学生可以根据自己的性格特点和思维特点去选择适合自己的学习方法；又可以批判地吸纳别人的好经验；同时又要注重实践，通过实践来证明这些方法是否适合自己。

4. 培养良好的学习习惯是学会学习的基本途径

学生要提高自己的学习能力，就必须养成良好的学习习惯。学生良好的学习习惯有：先预习后听课的习惯；在理解的基础上记忆知识的习惯；先复习后做作业的习惯；认真审题的习惯；独立思考、细心解题、耐心检查和及时纠正错误的习惯；对解题进行总结的习惯；在生活中随时随地应用所学知识的习惯。根据习惯形成特点，既要注意从早抓起，防微杜渐，高度警惕任何不良习惯的滋长，把它消灭在萌芽状态，又要注意从点滴抓起，持之以恒，日积月累，坚持到底。

5. 注重学习实践是学会学习的归宿

“实践是检验真理的唯一标准。”学生的正确的学习观念需要通过实践来证明；科学的学习方法需要通过实践来培养；浓厚的学习兴趣和良好的学习习惯需要通过实践来培养；学到的知识最终需要运用到实践中，通过实践来巩固和深化。在实践中，学生要认真执行自己的学习计划，努力实现自己的学习目标。

三、批判性思维

1. 批判思维的含义

“批判的”（critical）源于希腊文 kriticos（提问、理解某物的意义和有能力分析，即“辨明或判断的能力”）和 kriterion（标准）。从语源上说，该词暗示发展“基于标准的有辨识能力的判断”。将 critical 应用于思维，意味着利用恰当的评估标准确定某物的真实价值，以明确形成有充分根据的判断。批判性思维作为一个技能的概念可追溯到杜威的“反省性思维”：能动、持续和细致地思考任何信念或被假定的知识形式，洞悉支持它的理由以及它进而指向的结论。20 世纪 40 年代，批判性思维被用于标示美国教育改革的一个主题；70 年代，批判性思维成为美国教育改革运动的焦点；80 年代成为教育改革的核心。美国批判性思维运动的开拓者恩尼斯

(Robert Ennis) 1962 年就认真分析了"批判性思维"概念，新近的表述为：批判性思维是"为决定相信什么或做什么而进行的合理的、反省的思维"。哈贝马斯将批判性思维等同于"解放性学习"(Emancipatory Learning)，即学会从阻碍人们洞察新趋势，支配自己的生活、社会和世界的那些个人的、制度的或环境的强制力中解放出来。

但是，对批判性思维存在三个基本误解。有人认为批判性思维是否定性的，即本质上是发现缺陷。然而，一个批判性思维者不仅仅是悬疑判断。质疑、批判是为了寻求理由或确保正当性，为我们的信念和行为进行理性奠基。因此，批判性思维也是建设性的。批判性思维使人们意识到，我们所处的世界中的价值、行为和社会结构的多样性。人们还以为，批判性思维作为一个控制的手段起作用，是有害的、应避免的东西。可是，批判性思维是个人自治的基础。一个自主的人是自我管理的（控制的）或自我指示的。自治使一个人较少依赖并因此较少受他人的规定、指示和影响。还有一个误解是，批判性思维并不包括或鼓励创造性。这源于一个错误观念：创造性本质上是打破规则。相反，创造性常常包括大量对规则的遵循。一个原创的洞察力恰恰需要知道如何在给定的情景中解释和应用规则。智力是分析的、创造的和实用的信息加工过程三者的平衡。三种主要思维模式是：批判-分析性思维（Critical - analytic Thinking)、创造-综合性思维（Creative - synthetic Thinking）和实用-情景性思维（Practical - contextual Thinking)。对大多数人来讲，创造性思维和批判性思维平衡发展是生活的要求。20 世纪 90 年代，鉴于批判性思维定义的严重分歧，美国哲学学会运用德尔菲（Delphi）方法（反复询问调查＋专家意见＋直观结果的方法)，将批判性思维界定为：批判性思维是有目的的、自我校准的判断。这种判断导致解释，分析，评估，推论以及对判断赖以存在的证据、概念、方法、标准或语境的说明。批判性思维没有学科边界，任何涉及智力或想象的主题都可从批判性思维的视角来审查。批判性思维既体现思维技能水平，也凸显现代人文精神。它是一种不可缺少的探究工具，是教育的解放力量，是人们的私人生活和公共生活的强大资源。

2. 批判思维的特点

批判性思维有以下 12 项特点：

(1) 抓准“陈述”的意思。
(2) 判断推理是否含糊。
(3) 判断多项“陈述”之间是否互相矛盾。
(4) 判断结论是否必要。
(5) 判断“陈述”是否正确。
(6) 判断“陈述”是否根据某一原理引申出来的。
(7) 判断“观察性陈述”是否可信。
(8) 判断“归纳性结论”是否有其来龙去脉。
(9) 判断“问题”是否已经确定下来。
(10) 判断所说的是否只是假设。
(11) 判断所下的定义是否合适。
(12) 判断引述某一权威言辞是否可接受。

3. 批判性思维的培养

(1) 批判性思维的一般训练方法是：使用专门设计的教授和训练思维技能的课程途径来着手；强调思维作为常规教学的一部分；让学生平时就要养成批判性思维的习惯。对待问题要有干预的态度，要多提问，要善于利用知识、权威等来论证观点，而不要轻易地接受；总结他们所学的技能。

(2) 批判性思维的特殊训练方法包括以下 9 种：

①树立批判性思维的运用信念。我们要想弄清事情的来龙去脉，作出正确的决定，必须采取有效的行为，批判性地考察信念，也就是树立批判性思维的运用信念。

②批判性思维课程的开设。批判性思维课程的一个重要作用是培养人们的批判性思维习惯。批判性思维课程能为培养这种思维习惯打下良好的基础。批判性思维课程的另一个重要作用是改善和提高人们的日常思维素质。

③把握对确知问题的认识。思维过程的起点是问题的形成和确定。问题的形成和确定对整个思维过程有重要的影响。

④善于运用思考的艺术。当我们确立问题后，就必须努力思考，寻找

合理的答案。思考过程靠的是操作上的艺术。思考的艺术主要是敢思、勤思、善思。敢于思考是要大胆地思考，不畏权势、不简单服从。敢于思考是伟大真理发现者不可缺少的素质，它需要追求真理、捍卫真理的勇气和信念。总之，思考是一门艺术。只有敢于思考、勤于思考、善于思考，才能有所发现和创新。

⑤培养学生的批判性思维技巧。批判性思维是由批判性技能和批判性精神两方面组成的。批判性精神就是有意识进行评判的心理准备状态、意愿和倾向。它可激活个体的批判性思维意识，促使个体朝着某个方向思考，并以审视的眼光看待问题。批判性思维技能和批判性精神是相辅相成，缺一不可的。

⑥对学生进行批判精神的培养。培养学生的批判性精神必须从学校教育、家庭教育、社会教育三方面抓起。

⑦开展多种形式的课内外活动。除了在各科的教学中，要培养学生批判性思维的能力以外，教师也可以根据具体的情况开展多种形式的课内外活动。

⑧创设具有冒险意识的学习环境以及培养协作型学习习惯。为了培养批判性思维和创造性思维，教育工作者须建立一个鼓励冒险、增强自信、气氛宽松的学习环境。

⑨使用“六顶思维帽法”。在批判性思维训练中，善于使用“六顶思维帽法”。美国学者爱德华·德·波诺开发了六顶思维帽法并发展成为流行于西方企业界的、最有效的思维训练，这种方法同样也适用教育领域。它提供了“平行思维”的工具，主要功能在于为人们建立一个思考框架。

（3）在教育和教学方面对学生进行批判性思维能力与习惯的培养。在教育和教学方面，我们要不断地对学生进行批判性思维能力与习惯的培养。因为全面推进素质教育，无论是在基础教育领域，还是在高等教育领域内都要全面实施。要使学生由被动思维变为主动思维，从而帮助学生建构批判性思维，不断优化、强化思维能力。

第一，要养成学生视野开阔的独立性思维的习惯；第二，要培养学生具有不断探索、不断追求的创新性思维的精神和习惯；第三，要进行多方面的考察，培养学生多角度的严密性思维；第四，要树立可执行、可控制的实践性思维观念。无论是思维的独立性、创新性还是严密性，都毫无疑问地指向实践性；第五，要采取一些果断的措施：要求学校要营造一些有益于发展学生批判性思维的氛围和环境，要求教师必须不断地、经常地进行反思性教学，要求学生要增强学习的道德感。

思考题

1. 什么是核心素养？
2. 大学生核心素养如何培养？

拓展阅读

中国学生发展核心素养

研究中国学生发展核心素养，根本出发点是全面贯彻党的教育方针，践行社会主义核心价值观，落实立德树人根本任务，突出强调社会责任感、创新精神和实践能力，促进学生全面发展，使之成为中国特色社会主义合格建设者和可靠接班人。

学生发展核心素养，是指学生应具备的、能够适应终身发展和社会发展需要的必备品格和关键能力，综合表现为 9 大素养，具体为社会责任、国家认同、国际理解；人文底蕴、科学精神、审美情趣；身心健康、学会学习、实践创新。

一、社会责任

主要是个体处理与他人（家庭）、集体、社会、自然关系等方面的情感态度和行为表现。

1. 诚信友善。重点是自尊自律，诚实守信；文明礼貌，宽和待人；孝亲敬长，有感恩之心；热心公益和志愿服务等。

2. 合作担当。重点是积极参与社会活动，具有团队合作精神；对自我和他人负责；履行公民义务，行使公民权利，维护社会公正等。

3. 法治信仰。重点是尊崇法治，敬畏法律；明辨是非，具有规则与法治意识；依法律己、依法行事、依法维权；崇尚自由平等，坚持公平正义等。

4. 生态意识。重点是热爱并尊重自然，与自然和谐相处；保护环境，节约资源，具有绿色生活方式；具有可持续发展理念和行动等。

二、国家认同

主要表现为个体对国家政治制度、核心价值理念、民族文化传统等方面的理解、认同和遵从。

1. 国家意识。重点是了解国情历史，维护民族团结、社会稳定和国家统一；热爱祖国，认同国民身份，对祖国有强烈的归属感；自觉捍卫国家尊严和利益等。

2. 政治认同。重点是热爱中国共产党；理解、接受并自觉践行社会主义核心价值观；具有中国特色社会主义共同理想，有为实现中华民族伟大复兴中国梦而不懈奋斗的信念和行动等。

3. 文化自信。重点是了解中华文明形成的历史进程；承认和尊重中华民族的优秀文明成果；理解、欣赏、弘扬中华优秀传统文化和社会主义先进文化等。

三、国际理解

主要表现为个体对国际动态、多元文化、人类共同命运等方面的认知和关切。

1. 全球视野。重点是具有开放的心态；了解人类文明进程和世界发展动态；关注人类面临的全球性挑战，理解人类命运共同体的内涵与价值等。

2. 尊重差异。重点是了解世界不同文化；理解、尊重和包容文化的多样性和差异性；积极参与多元文化交流等。

四、人文底蕴

主要是个体在学习、理解、运用人文领域知识和技能等方面表现的情感态度和价值取向。

1. 人文积淀。重点是积累古今中外人文领域基本知识和成果；掌握人文思想中所蕴含的认识方法和实践方法等。

2. 人文情怀。重点是以人为本，尊重、维护人的尊严和价值；关切人的生存、发展和幸福等。

五、科学精神

主要是个体在学习、理解、运用科学知识和技能等方面表现的价值标准、思维方式和行为规范。

1. 崇尚真知。重点是学习科学技术知识和成果；掌握基本的科学方法；有真理面前人人平等的意识等。

2. 理性思维。重点是尊重事实和证据，有实证意识和严谨的求知态度；理性务实，逻辑清晰，能运用科学的思维方式认识事物、解决问题、规范行为等。

3. 勇于探究。重点是有百折不挠的探索精神；能够提出问题、形成假设，并通过科学方法检验求证、得出结论等。

六、审美情趣

主要是个体在艺术领域学习、体验、表达等方面的综合表现。

1. 感悟鉴赏。重点是学习艺术知识、技能与方法；具有发现、感知、欣赏、评价美的意识和基本能力；具有健康的审美价值取向；懂得珍惜美好事物等。

2. 创意表达。重点是具有艺术表达和创意表现的兴趣和意识；具有生成和创造美的能力；能在生活中拓展和升华美，提升生活品质等。

七、学会学习

主要表现为个体在学习态度、方式、方法、进程等方面的选择、评估与调控。

1. 乐学善学。重点是有积极的学习态度和浓厚的学习兴趣；有良好的学习习惯；能自主学习，注重合作；具有终身学习的意识等。

2. 勤于反思。重点是对自己的学习状态有清楚的了解；能够根据不同情境和自身实际，选择合理有效的学习策略和方法等。

3. 数字学习。重点是具有信息意识；有数字化生存能力；主动适应“互联网＋”等社会信息化趋势等。

八、身心健康

主要是个体在认识自我、发展身心、规划人生等方面的积极表现。

1. 珍爱生命。重点是理解生命意义和人生价值；具有安全意识与自我保护能力；掌握适合自身的运动方法和技能，养成健康的行为习惯和生活方式等。

2. 健全人格。重点是能调节和管理自己的情绪；有积极的心理品质，自信自爱，坚韧乐观；积极交往，有效互动，建立和维持良好的人际关系等。

3. 适性发展。重点是能正确判断与评估自我；依据自身个性和潜质选择适合的发展方向；有计划、高效地分配和使用时间与精力；具有达成目标的持续行动力等。

九、实践创新

主要是学生在勤于实践、敢于创新方面的具体表现。

1. 热爱劳动。重点是具有积极的劳动态度；广泛参加各种形式的家务劳动、生产劳动、公益活动和社会实践；具有动手操作能力等。

2. 批判质疑。重点是具有好奇心和想象力，敢于质疑；善于提出新观点、新方法、新设想，并进行理性分析，做出独立判断等。

3. 解决问题。重点是善于发现和提出问题；有解决问题的兴趣和热情；能依据特定情境和具体条件，选择制定合理解决方案；具有创客意识，能将创新理念生活化、实践化等。

（资料来源：http：//learning.sohu.com/20160226/n438673960.shtml）

第七章　非智力因素与大学生学习

第一节　非智力因素的概念

一、非智力因素的提出

子曰："三军可夺帅也，匹夫不可夺志也。"（《论语·子罕》）"知之者不如好之者，好之者不如乐之者。"（《论语·雍也》）这两句话很明显地涉及动机、意志、兴趣、情感等非智力因素。在西方，夸美纽斯强调"对于儿童来说，对于使视觉、听觉和其他感官愉快的那种东西产生了某种兴趣，那么，它将能促进身体健康和智力的发展"。

美国心理学家亚历山大（W. P. Alexander）在1935年发表的《具体智力和抽象智力》一文中首次提到"非智力因素"。1950年，韦克斯勒（D. Wechsler）又在《美国心理学家》杂志上发表了《认知的，欲求的和非智力的智力》一文，专门就非智力因素问题进行了较深入的探讨，是非智力因素概念正式诞生和科学研究开始的标志。1983年2月11日，我国《光明日报》发表了《应重视非智力因素的培养》一文，"非智力因素"及其相关问题引起了我国教育学和心理学界的重视。

上海师范大学燕国材教授的《应重视非智力因素的培养》一文发表后，引起了我国教育学和心理学界的重视。主要是培养学生的意志力，道德修养，克服困难的勇气和能力及自信、自立、自强的良好心理素质等。在教育过程中，非智力因素的培养和智力因素的培养同等重要，教育既要"解惑"更要"授道"，注重的应是学生综合素质的培养，而不仅仅是智力水平。同时，在未来社会中，有创造力的人往往并不单纯表现在会考高分上，培养创造力比培养学生考高分要重要得多。充分发掘学生的非智力因素，学会期待，学会欣赏他们潜在的价值。

二、国内外的研究

1. 国外研究

对非智力因素的早期研究，认为天赋高的儿童除智力以外，其他方面都比普通的正常儿童要差。天才儿童总被认为是身体虚弱、病态、情绪不稳定、神经过敏、性情古怪和离群独处的人。

对非智力因素的近期研究（20 世纪 50 年代以后）否定了早期研究的观点。如布雷（D. W. Bray）在他的《天才研究中的一些问题》一书中认为，人的杰出成就的产生是能力、个性和环境三种因素有力配合的结果。许多研究都还认为：各种个性的不同方面与各种能力结合后会导致有高度成就的特性“结合体”。许多研究者注意到天赋高的儿童在情绪和心理上具有很高的稳定性，还具有幽默感、独创性、好奇心和新异感。有的研究还指出，天赋高的儿童在礼貌、纪律、自我批评、合作性、独立性和敏感性诸方面都超过了一般儿童。

近期的研究中还有人提出以下观点。

（1）对活动的强烈需要和爱好是取得成就的重要因素。他们认为一个学生有学好某学科的能力，但由于缺乏兴趣，学习成绩并不突出，只有当学生对这门功课发生了兴趣，有了强烈的需要时，学习能力才能得到充分发挥，才能取得优良的成绩。

（2）对学科有积极的学习态度和热情也是取得成就的重要因素。包达列夫（A. A. Водалев）的研究结果显示：学生对一门学科的态度会在他的知觉、思维、记忆和想象等心理特性上留下痕迹。学生缺乏积极的态度，就会阻碍他的活动潜能的发展。他们认为成功的取得与热烈的情感是分不开的。冷漠无情的人是不可能成为一个创造者的。

（3）焦虑与学习成功有一定的关系。斯皮尔伯格（Spleberger）认为：能力中等而焦虑低的学生，其成绩较同等能力而焦虑高的学生为优；能力低的学生，无论焦虑高低，其成绩均劣；能力强的学生，无论焦虑高低，其成绩均优。这与能力强的学生自我控制情绪的能力也强有关。

(4) 人的意志、性格与能力发展有关系。赛尔金娜（B. И. Сулнкина）指出：性格特征对能力发展，尤其是意志对科学家的创造力的发展来说是不可缺少的品质。有的研究还指出，开朗的性格，对自己的潜力和成就能保持谦虚态度的品质，是一个真正学者必须具备的一种性格特征。

2. 国内研究

近十几年来，国内心理学工作者对智力因素和非智力因素在学习成功中的作用进行了比较研究。这些研究着重对不同年级的学生进行与智力、学业和人格有关的测试，作出相关分析，以获得关于某种个性品质在学习成功中所起作用的数据。主要的研究有以下几种：

(1) 从立新在《教育研究》1985 年第 4 期发表的《非智力因素对学生学业成绩的普遍影响》一文中指出："在智力水平不同的三个组中，非智力因素优秀者达到高考分数线的人数，都高于非智力因素不良者。"

(2) 祝蓓里在《心理科学通讯》1986 年第 5 期上发表的《对青年学生非智力因素发展的研究》一文，通过对 85 名普通大学生和 74 名中国科技大学少年班学生非智力因素进行的比较研究，发现：少年班学生在学习活动中表现出更有耐力和坚韧性。这些智力优秀的大学生，看书能坐上几小时，根本不顾气候炎热，也不顾身体的疲劳以及外界对他们的诱惑。

(3) 吴福元在《教育研究》1987 年第 5 期上发表的《大学生智力因素和非智力因素与学习成绩关系的研究》一文中指出：非智力因素对大学生学习成绩的影响比智力因素的影响还要大；这种影响随入学时间的推移而逐渐增强。他通过对中学生的研究发现智力和入学考分中等的人，性格特征为审慎、冷静、理智、自立自强、不依赖别人，学习上采用"笨鸟先飞"的方法，后来他们的学习成绩名列前茅。而智商高、性格特征更顺从、缺乏信心、畏缩退却、不愿独立创新、学习上表现为喜安逸，只求过得去的学生，结果学习成绩处于全班中下的水平。

三、非智力因素界定

非智力因素这个概念自提出以来，发展至今已有 80 余年的历史，但至今学术界对其如何定义尚无一致意见。概括起来，通常人们使用的非智力因素这个概念有广义和狭义之分。广义的非智力因素指智力因素之外的一切身心因素、环境因素和道德品质因素。狭义的非智力因素一般指直接影响和制约智力发展的意向性心理因素，或称内在动力因素。

非智力因素的外延可以分为三个层次，其构成如下表所示。

非智力因素外延的三个层次

层次	基本含义	组成因素
第一层次 广义的非智力因素	智力因素以外的一切心理因素	智力因素以外的全部心理因素
第二层次 狭义的非智力因素	由5种基本心理因素组成	动机、兴趣、情感、意志、性格
第三层次 具体的非智力因素	由12种具体心理因素组成	成就动机、求知欲望、学习热情、自尊心、自信心、好胜心、责任感、义务感、荣誉感，自制性、坚持性、独立性

上表所列的5种基本非智力因素都是意向性心理因素。所谓意向性，是指人们主动选择、适应和改造世界的心理倾向，它决定人们如何对待和处理事物。

（1）动机：是推动人按一定目标进行活动的心理倾向。它是人的需要的表现。动机可发展为人的信念、理想、价值观、人生观。动机同目的、目标紧密相连。

（2）兴趣：是人的需要得到满足时的情绪上的表现，它可以直接转化为活动动机。兴趣往往由好奇心开始，兴趣进一步发展就是爱好，兴趣是积极推动人们参与认知活动的重要心理倾向。

（3）情感：是客观事物符合人的需要时所产生的态度体验，情感与情绪在本质上一直且相互关联。不同的是，情绪比情感更广泛；情绪由当时一定情境引发，具有不稳定性，情感较少受情境的影响，比较稳定持久；情绪具有更明显的冲动性和外部表现，情感则比较深沉和含蓄。

（4）意志：是人自觉地确定目的、支配行动去克服困难、实现目的的心理倾向。它是人的意识能动性的表现。它在调整客观事物与人的需要之间的关系方面，具有特殊作用。

（5）性格：是人对现实比较稳定的态度和习惯化了的行为方式所表现出的个性心理特征。它以先天气质为基础，在后天各种主、客观条件长期作用下形成，是客观事物与人的需要之间的复杂关系在心理上和行为中烙下的难以磨灭的痕迹。

上表所列具体非智力因素是上述 5 种意向性心理因素的不同表现方式：成就动机是追求成功的动机；求知欲望就是一种兴趣，是探索和追求真理的兴趣；学习热情、责任感、义务感、荣誉感都是情感的不同表达方式，都是积极和高尚的情感，对学习具有不同作用，它们从不同方面体现为学习的动力；自制性、坚持性、独立性是重要的意志品质，它们对调节、控制和创新学习有着重要作用；自尊心、自信心、好胜心是性格的不同表现方式，是良好性格的体现，也是促进学习活动开展的积极非智力因素。

四、非智力因素的特点及与智力因素的关系

上述非智力因素，与我们常说的注意力、观察力、记忆力、思维力、想象力等智力因素有什么不同？简单地说，智力因素决定人“会不会学”，而非智力因素决定人“肯不肯学”“爱不爱学”。智力因素是人们认识事物发生和发展规律的各种能力在心理上的反映；而非智力因素是激发和推动人们去认识事物的各种能力在心理上的反映。它们都对学习有影响，其中非智力因素影响学习的特点如下：

（1）间接性。非智力因素对学习品质、学习成绩的作用是间接的，而智力因素的作用是直接的。例如，学习英语，记忆力越好，记住的单词就越多越牢。可是一个人有学习英语的良好动机，不一定记住的英语单词就多。这是因为学习动机、学习态度等非智力因素只能影响学习的积极性和主动性，它必须通过强化智力，才能达到提高学习品质和学习成绩的目的。

（2）差异性。不同非智力因素对学习的作用方式不尽相同。作用时间的长短、作用力的大小，因不同人、不同对象、不同情况也有显著的差

异。例如，有人说“天才就是勤奋”，有人说“天才就是毅力”，有人说“天才就是忘我”。可见不同非智力因素对不同人的发展过程的意义和作用不同，而智力因素对不同人的学习的作用方式是基本相同的。

（3）两面性。也有人称“适度性”。非智力因素对学习的作用既有积极的一面，又有消极的一面。过于焦虑对学习是不利的，但没有一点压力，对学习也不利；保持愉快的心态对学习是有利的，但高兴过度，又对学习有害；坚韧不拔，朝着既定目标奋进，是所有成功者的经验，但是也有人固执偏激，不能根据变化了的形式调整目标，最终难免失败；兴趣爱好广泛既可以成为学习的积极动力，也可以成为转移学习的中心兴趣，影响学习进步的消极因素。

古今中外，大量学业成功人士的实践证明，只有智力因素与非智力因素协调发展，才是人成长过程最理想的境界。有的人智商很高，从小被誉为“天才”“神童”，可是，因为忽视非智力因素的培养，往往好景不长，不是中途陨落，就是平庸终生；有的人智商并不高，甚至在学校被称为“愚人”“蠢材”，但由于勤奋好学、自强不息、敢于创新，最终却成为大科学家，成为对社会卓有贡献的人才。当然，从另一方面来说，也不能只重视非智力因素的发展，而忽视智力因素的发展。人的远大志向、自强不息精神和创造性品格等非智力因素，都是在人认识世界的过程中逐步形成和提高的。有人认为，一个人的成才过程，好比一种产品的生产过程，智力因素是加工与处理系统，非智力因素则是动力与调节系统。没有加工、处理系统，动力和调节系统无论怎么好，也生产不出产品，更不用说生产优质产品了；相反，没有动力和调节系统，加工、处理系统便运转不起来，即使运转起来也可能偏离方向，结果也生产不出产品，更生产不出优质产品。这话很有道理，我们必须辩证地看待非智力因素与智力因素的关系。

第二节　非智力因素在学习过程中的作用

一、非智力因素在学习过程中的一般作用

非智力因素对学习的一般作用可以概括为以下几个方面。

1. 激发学习动力

这种动力作用突出表现在非智力因素能使主体产生想要学习的愿望，并驱使学习主体积极主动地投身到学习活动中去。各种非智力因素都可以起动力作用。对于不同的人、不同的智力活动，哪种因素或哪几种因素起动力作用，情况各不相同。67 岁的爱因斯坦在谈到他探寻狭义相对论过程时说，16 岁那年他无意中想到了一个很矛盾的现象："如果我以速度 C（真空间的光速）追随一条光线运动，那么我就应该看到，这条光线就好像一个在空间里振荡着而停滞不前的电磁场。可是，无论根据经验，还是按照麦克斯韦方程，看来都不会有这样的事情。"于是强烈的好奇心和探求科学奥秘的浓厚兴趣，推动他开始探索这一不解之谜。经过十年的努力，他终于找到了答案，创立了狭义相对论。在这里兴趣是萌发强烈愿望的主要原因。李时珍学医愿望的产生却与此不同。他童年时身体瘦弱多病，在长期与疾病做斗争中，他深深体会到病人的痛苦，并培养了他对治病救人事业的深厚情感，于是他立志学医。在这里，情感成为主要动力。学习的动力因素，总是同人的某种需要相联系的，当这些需要同某种目标联系，就产生了达到这种目标的动机，并激励人积极行动。

2. 确定学习方向

非智力因素还具有确定和引导学习活动沿着正确方向去达到既定目标的重要作用。有了学习动机，不一定有正确的学习方向；有了大致的方向，不一定有具体目标。因此，还需要选择方向和选择具体的学习目标。从大的方面说，就是要立志，树立崇高的理想、信念、价值观；从小的方面说，就是要树立学习的阶段性目标，例如，争取成为先进、模范，争取取得好的考试成绩等。良好的非智力因素有利于找到正确的学习方向；相反，不良的非智力因素，会使学习迷失方向。

3. 调控学习过程

非智力因素能调节、控制学习过程，克服前进中的阻力，使学习达到预定目标。意志、兴趣、情感、自信心都具有显著的调控作用。学习是十分复杂的认知活动，必然会遇到很多困难，甚至要经历一次次失败后才能获得成功。爱迪生为了寻找合适的做灯丝的材料，经过1200次实验都失败了。这时有人对他说：“你已经失败了1200次，还要试验下去吗?”爱迪生回答：“不，我并没有失败，我已经发现了1200种材料不适合做灯丝。”他的坚强意志使他从失败中奋起。

4. 开发学习智力

非智力因素还具有调动人的心理和生理潜能，开发人的智力的作用。我们常说的“勤能补拙”就是这个道理。孔子的学生曾参智力水平不高，但他特别刻苦努力，正是这种精神使他在整理孔子言论和学术思想，使儒家学说得以发扬光大，做出了巨大贡献。非智力因素对智力的开发作用，最典型的事例是X射线的发现过程。伦琴因发现X射线成为第一个诺贝尔物理学奖获得者。但在伦琴之前，英国科学家克鲁克斯就发现了放在阴极射线管附近的照相底板被感光的现象。此外，德国和美国还有一些科学家也发现了这种现象，可是他们没有像伦琴那样寻根究底、坚持不懈地继续进行一系列的研究，结果错失良机。伦琴的成功就是因为他有一种探求自然奥秘的顽强精神，而这些顽强精神便是一种非智力因素，正是这种非智力因素，促使他连续发表三篇论文，最后揭示出这种现象的本质。

5. 激励学习创新

学习的最高境界是创新。人们研究发现，有些智商水平很高的人，创造力却很平庸；智商中等水平的人，却有高水平的创造力。吉尔福特对智商在70～140的学生进行创造力测验的结果说明了这一点。

吉尔福特的测试说明智商并不都是与创造力成正比的。在低智商区，创造力也低；在中等智商区（100）以上，有的人创造力很高，有的人创造力很低；而且智商越高的区域，这种两极分化越明显。现代心理学研究证实，智力的某种片面发展，会抑制人的创造力，人的创造力同非智力因素有极为密切的关系。人的兴趣、情感是启动创造活动的决定因素。创造活动是一个艰苦过程，一般都要经历多种挫折，因此，如果没有自信心、没有勇气和毅力等非智力因素的作用，创造活动便难以达到创造的目标。

二、非智力因素对不同智力水平学生学习的作用

一般来说，非智力因素水平高的学生，学习成绩比非智力因素水平低的学生要好，但非智力因素对不同智力水平的学习成绩的影响也有明显差异。

根据丛立新的研究，非智力因素的优劣状况对不同智力水平学生学习成绩的影响具有普遍意义，但影响的程度有明显差异。1985 年，她对 121 名高中毕业生进行了测试。其结果是：①在智力水平为较高、中等、较低的三个组中，非智力因素优秀者，达到高等分数线以上的人数的百分比都超过非智力因素不良者；②智力中等组的非智力因素优秀者的高考成绩，可与智力较高者（包括非智力因素不良者）并驾齐驱；③有两个智商同为 136（属高智商）而非智力因素不同的学生，其中非智力因素优秀者的高考成绩高达 500 分，远远超过录取分数线，非智力因素不良者只考了 355 分，未达到录取分数线；④一个智商为 104（属中等智商）的学生，由于非智力因素优秀，高考成绩达 491 分，超过智商高达 128 和 130 的考生。

王晓柳等人的研究也证明，学习成绩好的组，不论智力因素还是非智力因素都普遍高于学习成绩差的组。他们的研究还发现，在学习成绩较差的组内，学生之间学习成绩的差异与非智力因素水平呈显著相关，而与智力因素水平关系较小；在学习成绩较好的组内，学生之间学习成绩的差异越大与智力因素关系越大，而非智力因素水平几乎没有什么直接关系，这是因为学习成绩较好组内的学生的非智力因素一般都比较高，影响成绩的自然主要是智力因素。

还要特别指出的是，非智力因素和智力因素是不断发展和变化的，而且两者常常是在相互作用中不断提高的。例如，诺贝尔奖获得者、法国化学家格林尼亚，小时候受到父母娇宠，养成不思上进、整日寻欢作乐的种种坏毛病，19 岁以前他从未认真读过书。后来觉悟了，反省自己走过的人生之路，悔恨不已，于是他下定决心，一切从头开始。为了摆脱家庭权势和那帮不良朋友的影响，他离家出走，从此埋头发奋学习。终于在 8 年之后，发明了“格式试剂”，并因此获得诺贝尔化学奖。又如，2003 年有报纸报道，武汉一位从小受到疾病严重摧残，听力为零的初中学生刘铁，由

于有顽强的拼搏精神，苦学、苦练数载，不仅各门功课成绩优良，而且跟听力正常的学生一样参加了英语听力考试，完全凭老师嘴唇的变化，竟考得100分，同时，还能熟练地用英语同老师和同学自由交谈。事实证明，非智力因素和智力因素都不是天生注定的，它们是在相互作用中不断发展的。

第三节　良好非智力因素的培养

非智力因素好比生命之帆，当智力如一艘正在驶向目标的航船漂泊在学习的大海上时，如何扬起你的生命之帆?

一、坚信“我的未来不是梦”——良好学习动力的形成

良好的学习动力，首先来自于良好的学习动机。学习动机是人的需要的表现，当某种需要与一定的目标结合时，需要就成为动机。动机与目标有联系，也有区别。同样的学习目标，可能有不同的动机。学习动机有高尚和低级之分，高尚动机同社会责任感紧密联系，如为了祖国而学习；低级动机同低级层次需要相联系，如为了追求个人享受而学习。树立崇高的动机对学习具有特别重要的意义。高尔基说：“一个人追求的目标越高，他的才力就发展得越快，对社会就越有益，我确信这也是一个真理。”但崇高的目标，是由一个个具体的良好的学习动机逐步积累起来的。通过下面一位贫苦家庭出身的大学生的一则日记，我们可以看到，由善良动机到崇高目标的转化过程。

1988年6月5日　星期五　天气晴　心情沉重

每当一日之始，我就会想起我的学习机会是父母用一分一分血汗钱凑起来的，我就会计划着一天的每分每秒如何去安排，去珍惜，去奋斗。当我坐在那宁静的教室里聆听老师讲课时，我的父母却面朝黄土背朝天，去耕种五个半人的田地，出售他们生产出的成担的蔬菜和菜油。没有知识已经不适应当今的社会发展，将来的时代更是竞争的时代，那是真正有能力、有知识的人才各显神通的时代，而没有知识、没有能力就只有穷一辈

子。父母为了让我读书，竭尽全力，我的一切都是那么来之不易，一页纸，做了作业，还可以用来打草稿、练大字。我要珍惜每时每刻，让每时每刻都起作用，不让时间白白流逝。人生就像一张白纸，看你有怎样的能力，怎样在上面去写，去画！在这人生的纸上能否画出蓝图，能否有动人的文章、美好的诗篇，就只有靠自己的努力。现在刻苦学习，将来报答父母，报效祖国，让我们的家乡脱贫致富。我相信的我的未来不是梦。

有的同学说，我确实想为祖国、为人民而好好学习，为什么我的学习成绩还是这么差呢？究其原因，最重要的是，很多同学的志向、目标还停留在抽象认识的水平，还没有将它转化为具体自觉的行为，要实现这种转变需要不断的学习和生活的磨难。在这个转化过程中，第一，要把远景动机和近景动机结合起来。远景动机就是长远的目标，近景动机就是阶段性的奋斗目标。远景动机必须体现在一个个具体的阶段性的奋斗目标上。每门课程，每次考试都要有奋斗目标。只有借助于自制力，才能使停留在抽象认识水平的远大志向转化为自觉行动。第二，要善于把外部诱因转化为内在的积极的学习动机。前面那位学子的日记就是这种转化的很好说明。遇到同样的外部诱因，有的人能将它转化为积极的学习动机，有的人则不能，反而可能因此而自卑，甚至丧失学习应有的动力。例如，在现实生活中，有不少做女儿的也知道自己的母亲因没有生男孩而遗憾和自卑，但却没有将此转化为学习动力，而哈佛女孩赵小兰却不同。她在《我的事业、我的人生从白宫开始》的自述中说，小时候她感受到母亲因生了三个女儿而自卑后，便立志要让母亲觉得生女孩子比生男孩子更有用。这个目标成了她人生的原动力，激励她从小刻苦学习。考上哈佛大学后，她更加发奋读书，以全 A 成绩取得硕士学位。后来由于她杰出的贡献和卓越的管理才能当上了美国国务院交通海运署副署长。在学习活动中我们经常遇到诸如此类的可能转化为学习动力的外部诱因，如家长、老师和同学的赞扬与批评，各种竞赛和评比奖励与惩罚等，如果有正确的认识和态度，就可以将这些诱因转化为积极的动机；相反，如果熟视无睹，或者不能正确对待，就不仅不能转化为积极的学习动机，还可能转化为消极的学习动机，阻碍学习进步。

二、由好奇到孜孜不倦的追求——良好学习兴趣的形成

诺贝尔化学奖获得者李元哲教授与复旦大学学生对话时说："有一件事比较重要，这就是兴趣。"有许多年轻人问他做学问有什么捷径，他回答说："没有捷径。如果找到自己的长处，心甘情愿把很多的时间投注在上面，就能进步得比较快，而一旦进步快，做起来就会更有兴趣。因此，学习和工作便成为一种享受。"他说明了兴趣的作用，也说明了兴趣形成和发展的进程。学习感兴趣的知识，就会体验到愉快。有了学习兴趣，就能减轻学习压力，即使很艰苦也会乐在其中。兴趣同特长有关，要善于发现和利用自己的特长。当兴趣同自己的特长结合，就变成一种爱好，自己就会加倍努力。当努力获得一些进步后，兴趣会越来越大，最后转变为强烈的事业心，转变为热爱自己事业的深厚的情感。

良好的学习兴趣怎样才能形成呢？

（1）要培养好奇心。好奇心驱使你去探求，这就会引起你对某一方面或某些方面的兴趣。

（2）要引导兴趣适应变化的形式，不断向更高层次发展。兴趣比较容易受社会思潮和社会环境的影响，在其形成之初，往往具有一定的盲目性和不稳定性。没有正确的人生观和价值观，容易沉迷于低级兴趣而不能自拔。因此，要时时注意将学习兴趣与崇高的生活目标联系在一起，根据国家、人民的需要依据个人特长，引导兴趣向正确方向和更高层次发展。鲁迅先生原来是学医的，当他看日本军国主义分子屠杀中国人的电影时，发现影片中作为旁观者的中国人的麻木不仁，就萌发了必须唤醒民众的念头，正是在这种崇高的爱国主义精神指导下，他弃医从文，并为此奋斗了终生。

（3）兴趣既要广泛，更要有中心。兴趣广泛是大学生的特点，这表明年轻人具有强烈的求知欲望。广泛的兴趣有利于比较全面地发展，可以使知识面更加广博、生活更加丰富和充实。但是要处理好广博与专深的关系，如果没有中心兴趣，或者说对自己的主攻目标没有兴趣，就会舍本逐末，一事无成。

（4）要在学习过程中不断强化良好的学习兴趣，使兴趣由偶尔的好

奇，向孜孜不倦的追求精神转化。美国教育心理学家华尔特·科勒认为，兴趣可以看成既是学习的原因，又是学习的结果，正像兴趣是过去学习的产物一样，兴趣也是今后学习的动力。新奇的事物及不曾了解的事物固然容易引发兴趣，在工作中已获得成功的事物也容易引发兴趣。当你为获得成功而感到愉快时，也就是兴趣产生或强化之时。因此，有人说“学习是成功之母”，这正是对学习与成功关系的辩证认识。学习既是成功的途径，成功也是学习的途径，点点滴滴的成功会引导好奇心，并最终成为孜孜不倦的追求。总之，兴趣是可以培养的。没有兴趣的，经过努力学习，不断积累知识，也可以变成有兴趣。但是，不顾学习本身的特点，一味追求趣味，想把学习的一切都兴趣化，是不可能的，也是不应该的。学习是一种艰苦的劳动，兴趣能帮助我们更好地学习，但是不能代替艰苦的劳动。学习中必然会有一些枯燥的东西，只要我们对于学习目的是有兴趣的，那么，当我们为实现学习目的而去完成那些枯燥的工作时也会有一种间接的兴趣。

三、爱心的升华——良好情感的形成

爱国志士秋瑾女士说过：“芸芸众生，孰不爱生？爱生之极，进而爱群。”高尚情感的形成，就是由爱生活、爱亲人、爱自我、爱学校到爱祖国、爱人民、爱事业的过程。下面是我国“两弹之父”王淦昌回忆录中的两段话，一则记录了他1925年背着行李踏进清华大学时的情景，一则记录了他隐姓埋名17年奋战荒漠的情景。

1925年我被录取为清华学校大学部第一届学生，我高兴极了，从上海抱着简单的行李来到北京，那年我刚满18岁。踏入清华大学校园，首先看到是那铜写的“清华园”三个大字，那时候的清华大学，校园没有现在大，大约不到现在的1/5。学校周围是宽阔的庄稼地和乡村农舍，清华大学巍然矗立其中，有如鹤立鸡群，非常突出。清华校园绿草如茵，树木葱翠，五颜六色的、我说不出名字的花儿，围绕在各种建筑物的四周。那活泼舒适的体育馆、精致优雅的图书馆、宏伟壮观的大礼堂、严肃坚固的科学馆，更是令我神往。我生活在这个园林似的校园里，感到无限的幸福，并不由自主地萌生了一种自豪感。我从常熟的家乡到上海浦东中学读书时，觉得好像进了天堂。这一会更是从天堂走到了另一个更美丽的天堂。所以“清华学堂”在我心目中实际上是“清华天堂”。

奋战荒漠的十几年确实是非常艰苦又充满危险的，尤其是在“文革”中科技人员还要遇到精神上的冲击，忍受难以想象的苦恼、冤屈、批斗、人格侮辱。但是那一段经历又是非常有价值的，值得回味。人人怀着爱国激情，亲密团结，互相鼓舞，毫无怨言地一心扑在工作上，顽强拼搏，显示出中华爱国知识分子的一种特有胸怀与志气，是“留取丹心照汗青”的民族传统的大发扬！

可以看出，王淦昌刚入清华时是多么幸福，热爱学校、热爱自然、热爱学习之情溢于言表。如果没有人的这种对生活的纯洁而温馨的热爱，怎么会有人对真理的追求？正是因为他有这种爱，才有他对学习的刻苦精神；正是因为他有这种爱，他才能在自己科学事业和国际声誉如日中天的时候，能毫不犹豫地发下“我愿以身许国”的誓言，并于1961年4月1日接受命令之后，改名换姓，到荒无人烟的大漠，默默无闻地为中华崛起而献身。

培养良好的情感，首先要从培育爱心做起。“由于爱，我们便成为自由的、喜乐的、全能的、活泼的工作者，一切苦难的战胜者。”（路德语）由于有了这种崇高的爱，我们才能做到“富贵不能淫，贫贱不能移，威武不能屈”，敢于同各种不良倾向做斗争，使自己在学习、工作、生活中保持清醒的头脑。其次，要加强情绪的自我调控，不断实现情感的自我优化。保持精神振奋、乐观开朗的情绪，要善于化解因突然事变、突然打击所引发的冲动。化解不良情绪有很多办法，如自我转移法，使自己的活动和注意力暂时离开引起情绪的环境，同引发冲动的事物拉开距离；自我暗示法，当过分激动、恐慌时，用简洁的语言暗示自己“冷静”“镇定”；逐步适应法，怕考试的人，可经常参加一些不十分紧张的考试，慢慢就会消除惧怕考试的情绪；宣泄法，过度悲痛时，可放声痛哭，深受压抑时，可找朋友敞开心胸，抒发胸臆；自我安慰法，工作失败时，可为自己找些失败的客观理由，借以安慰自己，先使自己冷静下来，然后再总结主观上的原因等。所有方法中最重要的是要加强同外界的交往，切不可把自己封闭起来，要通过与外界交流信息，调节情绪和情感，把情绪、情感控制在正常状态。最后，培养良好的情感，一定要丰富自己的生活内容，除了学习功课外，还要积极参加各种文娱、体育活动和其他有益于身心健康的活动。

四、经历挫折——良好意志的形成

孟子说："天将降大任于斯人也，必先苦其心志，劳其筋骨，饿其体肤，空乏其身，行拂乱其所为，所以动心忍性，曾益其所不能。"司马迁在《史记》中写道："文王拘而演周易；仲尼厄而作春秋；屈原放逐，乃赋离骚；左丘失明，厥有国语；孙子膑脚，兵法修列；不韦迁蜀，世传吕览；韩非囚秦，说难孤愤；诗三百篇，大抵圣贤发愤之所作也。"这是说任何人要想获得学业和事业上的成功，都要经受种种困难、挫折。古希腊南德在《残篇集中》写道："谁有经历千辛万苦的意志，谁就能达到任何目的。"意志既是人在实现目的过程中克服困难的动力，又是在不断克服困难、实现目标的过程中形成的。培养经受挫折的能力是良好意志品质形成的重要途径。比尔·盖茨在短短的十几年里，取得了使人惊诧的巨大成功，靠的是什么？《比尔·盖茨》一书作者罗伯特·海勒认为，他靠的是"即使身处危机之中，也可以找到无穷的灵感"。在激烈的商战中，比尔·盖茨以坚韧不拔、遇事果断、乐观向上的良好意志品质让人称道。他要求他的员工学会从失败中吸取教训。他每年都要组织编发一份题目为《微软十大失误》的备忘录，以此警告"微软人"不要在失误的泥坑中越陷越深。"微软自身的失败从来都不会被抛在脑后，而是贮藏起来作为智能资本的一部分"。

人的意志是在学习和实践中逐步培养起来的。俄国作家列夫·托尔斯泰青年时一度生活放荡，不好好读书，考试不及格，结果降了级。但不久他醒悟了，对自己十分不满，他把自己错误的原因详细地找出来，写在日记本上，共有八条：①缺乏刚毅力；②自己欺骗自己；③有少年轻浮之风；④不谦逊；⑤脾气太躁；⑥生活太放纵；⑦模仿性太强；⑧缺乏反省。为了磨炼自己的意志，改掉这些缺点，他跟着哥哥到炮兵部队服役。

生活没有辜负他的努力，他成功了，改掉了毛病，并走上决定自己一生命运的文学创作道路。比尔·盖茨和列夫·托尔斯泰的经历给我们的启示是：第一，在学习、工作和生活的道路上遇到挫折时，不能自暴自弃，要有自信心，要看到希望；第二，要正视困难和问题，冷静分析存在的问题，用行动去战胜困难、挫折和失败；第三，要把挫折和教训“作为自己智能资本的一部分”，这是培养意志品质的最好方法。

五、从小事做起——良好性格的形成

性格是各种非智力因素的综合表现。古希腊赫拉克利特在《著作残篇》中说：“性格就是命运”“人的性格就是他的守护神”。在非智力因素中，性格是最稳定的个性心理特征，它对学习的影响广泛、持久、强烈。性格虽然与先天气质有关，但主要是后天形成的。大学阶段是大学生性格由不成熟转向成熟的时期，因此，加强良好性格的培养非常重要。恩格斯说：“人物的性格不仅表现在做什么，而且表现在他怎样做。”做什么，反映对人、对己和对事的态度，如自信与自卑、谦虚与骄傲、无私与自私、勤奋与懒惰、认真与马虎、稳重与冒失等；怎样做，反映行为的方式，如主动与被动、敏捷与迟钝、温和与暴躁、克制与冲动、自觉与盲目、坚强与软弱等。一个人的性格具有多样性，甚至同一个人往往会有相互矛盾的性格特征。性格是不断变化和发展的。没有人完美地具备所有优良的性格特征。良好性格的形成是长期的，同时，影响性格形成的条件是复杂的。培养良好的性格品质需要注意：第一，从点滴小事做起，从今日做起。“天下之难事必作于易，大下之大事必作于细”，要积极投身社会生活实践。只有千百次的反复实践，那些被检验为正确的态度和行为方式才能在心理上烙上深深的痕迹，形成定式，形成习惯，形成性格。第二，努力学习，提高思想、道德和文化素质，要以科学的理论武装自己，以高尚的道德熏陶自己，以优秀的文化感染自己，使自己变得更加理智。这也是良好性格形成的重要条件。第三，效法先贤，模仿榜样，加强自省，重视自我评价，对性格的形成也有重要作用。第四，要特别重视环境和交友对性格的潜移默化作用。“近朱者赤，近墨者黑”，孟子的母亲为了选择教育儿子的环境，曾三次搬家，说明古人很重视环境对培养人的意义。作为现今的大学生一定要自觉抵制社会不良风气的影响，不要随波逐流，同时，结交朋友要慎重。俄国作家莫里哀说：“友谊的结合是要经过考虑与选择才能生长出来的。”一个人能结交一些志同道合的知心朋友是好事，“人生最美好的东西，就是他同别人的友谊。”（林肯语）但是，因为交了不好的朋友而染上坏习惯，形成坏性格，甚至走上犯罪道路的人生也不少见。

六、个性的养成——个性化学习的发扬

中国教育学会前会长顾明远教授认为：“个性化学习或者个别化学习是要发挥每个学生的主体性、主动性，使每个学生都能主动地、积极地投入到学习中。”王艳芳认为：“个性化强调以学习者为主体，针对学习者个性特点、知识经验和能力、学习需求、偏好以及具体学习情境而采用恰当的学习方法、学习内容和学习进度，促使学习者的能力与个性在学习活动过程中得到充分、自由、和谐的发展。”国际著名教育技术专家金书轲教授认为：“个性化可以给人们提供适应性的学习能力和学习环境，基于超媒体的适应性学习系统，已经把人类带到移动和泛在的学习环境中，学习可以是一种非常微妙自动发生的行为。”

第一，多到图书馆进行学习或者进行在线学习。学校每学期应对学生的借书情况进行调查，了解学生的借阅情况，根据反馈的信息添置新书，满足学生的需要，有些热门图书可根据情况增加藏书的数量，尽量使学生能读到自己想读的书。此外，学校应多开辟电子阅览室，学生可以借助网络平台，浏览或下载自己需要的电子书，这样既可以弥补图书馆纸质资源的不足，也扩展了学生阅读、学习的途径，充分发挥了网络资源的积极作用，为学生个性化学习提供了方便快捷的通道，可在一定程度上激发大学生的个性化学习热情。

第二，选择自己的学习。教师学过程中，需要形成学生学习选择的观念，让学生能根据学习兴趣和学习需要来选择自己的学习。因此，教师不能总是忽视学生的选择性学习，而是需要关注学生的个体差异性进行选择学习；形成学生学习选择的习惯。选择习惯不是一天两天就能培养出来的，因此，教师需要在长期的课堂教学中去形成学生的学习选择习惯；引导学生进行学习选择。教师需要引导学生进行学习的选择，在学习目标、

学习内容、学习方法、学习合作对象、学习成果表达，都需要加强培养。例如，在语文阅读教学过程中，学生根据自己的兴趣和个性倾向进行思维导图，有的学生画成这样的图，有的画成那样的图，从而突出学生的学习选择性；设计具有选择性的学习材料，让学生进行选择。在课堂教学中，根据学生的认知图式和思维方式的差异性，设计学习材料。

第三，构建自己的个性化学习环境。关于个人学习环境（PLE），比较宽泛且广为接受的是 Stephen 的定义，他认为，“个人学习环境是一种工具、服务、人和资源的松散集合体，是利用网络力量的一种新方式”。Van Harmelen 认为，个人学习环境是一种能帮助学习者控制和管理自己的学习的系统，包括学习者建立他们自己的学习目标、管理他们的学习（管理内容和过程）、在学习过程中与他人的交流。PLE 是内容、服务组织在一起的集合（Waters，2005），它是帮助学习者聚集、组织、加工和处理学习资源的工具的集合（Martin，2007）。另外，有的观点认为个人学习环境能使学习者在学习中自我引导，支持个人和专业发展，是各种应用和服务的混合体等。

思考题

1. 何为非智力因素？
2. 智力因素与非智力因素的区别？
3. 如何利用非智力因素进行学习？

拓展阅读

囊萤映雪

“囊萤映雪”这则成语中的囊萤是指晋代车胤家贫，没钱买灯油，而又想晚上读书，便在夏天晚上抓一把萤火虫来当灯读书；映雪是指晋代孙康冬天夜里利用雪映出的光亮看书的故事。后用“囊萤映雪”比喻家境贫苦，刻苦读书。

这个成语来源于《晋书·车胤传》，晋代时，车胤从小好学不倦，但因家境贫困，父亲无法为他提供良好的学习环境。为了维持温饱，没有多余的钱买灯油供他晚上读书。为此，他只能利用这个时间背诵诗文。夏天的一个晚上，他正在院子里背一篇文章，忽然见许多萤火虫在低空中飞舞。一闪一闪的光点，在黑暗中显得有些耀眼。他想，如果把许多萤火虫集中在一起，不就成为一盏灯了吗。于是，他去找了一只白绢口袋，随即抓了几十只萤火虫放在里面，再扎住袋口，把它吊起来。虽然不怎么明亮，但可勉强用来看书了。从此，只要有萤火虫，他就去抓一把来当作灯用。由于他勤学苦练，后来终于做了职位很高的官。同朝代的孙康情况也是如此。由于没钱买灯油，晚上不能看书，只能早早睡觉。他觉得让时间这样白白跑掉，非常可惜。一天半夜，他从睡梦中醒来，把头侧向窗户时，发现窗缝里透进一丝光亮。原来，那是大雪映出来的，他觉得可以利用它来看书，于是倦意顿失，立即穿好衣服，取出书籍，来到屋外。宽阔的大地上映出的雪光，比屋里要亮多了。孙康不顾寒冷，立即看起书来，手脚冻僵了，就起身跑一跑，同时搓搓手指。此后，每逢有雪的晚上，他就不会放过这样的好机会，孜孜不倦地读书。这种苦学的精神，促使他的学识突飞猛进，成为饱学之士。后来，他也当了高官。

（资料来源：http：//wenwen. sogou. com/z/q432268884. htm）

第八章 大学生学习方法

第一节 大学生的记忆方法

一、记忆的实质

记忆是学习过程中的一个非常重要的环节和阶段。在一定程度上说，没有记忆，就没有学习。有卓越的记忆能力也是古今中外一切事业有成者成功的基本条件之一。马克思记忆力就非常卓越，据德国和国际工人运动活动家威廉·李卜克内西回忆："马克思的记忆力是罕见的，他从不忘记什么。"法国社会主义者、马克思的女婿保尔·拉法格这样来形容马克思："马克思的头脑是用多得令人难以相信的历史及自然科学的事实和哲学理论武装起来的，同时他还是非常善于利用他长期脑力劳动所积累的一切知识和观察。无论何时，无论任何问题都可以向马克思提出来，都能够得到你所期望的最详尽的回答，而且总是包含有概括性的哲理。他的头脑就像停在军港里升火待发的一艘军舰，准备一接到命令就开向任何思想的海洋。"

那么究竟什么是记忆？怎样提高人的记忆能力呢？这就需要弄清楚记忆的实质、过程和影响记忆的基本因素。心理学认为，记忆是一个人所经历过的事物在人脑中的反映，是人脑积累经验的功能表现。记忆是一个复杂的心理过程。它主要分为两个方面：一方面是"记"，即对经验过的事物的识记和保持。识记是在对事物的感知过程中把该事物的有关信息、符号等知识经验在头脑中刻下深刻的印迹、痕迹。保持就是把已经刻在头脑中的知识经验在较短或较长的一段时期内保留下来、持续下去。从生理学角度看，识记是大脑皮层中暂时神经联系的建立，保持是暂时神经联系的巩固。从信息论角度看，大脑皮层中信息的建立、组织、编号与储存就是识记和保持；另一方面是“忆”，即对已经识记和保持过的事物及其知识的再认和再现。再认就是对已经接触和认识过的事物、知识在接触、再认识时能够从头脑中的关于该事物、知识的保持中明确地辨认出来，在已经认识基础上进行再认识。再现则是对已经识记和保持过的事物的知识、经验即使没有再接触和再认识该事物及其知识、经验，当需要这个知识、经验时，也能够在头脑中重新再调出来、再回忆起来。从生理学角度看，再认和再现就是暂时神经联系的复现。从信息论角度看，大脑皮层中信息的提出和运用就是再认和再现。

记忆作为一种心理和认知活动，制约它的因素主要有三个方面：一是与记忆主体自身的意向心理有关系；二是与记忆客体的自身特点有关系；三是与记忆主体和记忆客体接触的时间长短、次数、间隔的时间长短、接触环境等也有关系。这三者不是孤立起作用，而往往是相互交织在一起。这就要记忆主体不要只是从一个方面、一种因素入手去从事记忆，必须从多个方面、多角度入手，才能真正提高记忆效能。

二、记忆的基本方法

1. 从记忆主体的意向心理因素影响记忆效能这一客观规律出发

（1）决心记忆法。日本学者保坂荣之介说过，记忆的关键，在于要有“我能记住”这种自信心。说明了决心、信心在记忆过程中的重要作用。因为决心、信心可以调动大脑神经细胞的“积极性”，使其活跃起来，精神振奋，情绪高涨，并能作用影响记忆过程中的其他因素。无决心、无信心就会给大脑带来一种消极的抑制因素，导致注意力难以集中，同时还会产生急躁、烦恼、忧虑、不安等消极的情绪体验以及厌烦学习内容。徐特立 43 岁赴法勤工俭学，下定决心学习法语，尽管困难重重，但他终于用四五年的时间在法国学会了阅读法文书籍。

（2）集中注意力记忆法。注意，是一种心理现象，是指人的感知或思维等心理活动指向并集中于某一事物或对象。人们在学习时，全神贯注地听讲，聚精会神地做事，专心致志地思考问题，是完成记忆活动和提高记忆效能的又一个基本条件和重要程序。19 世纪俄国教育家乌申斯基说过："注意是一个唯一的门户，只有经过这门户，外在世界的印象……才能在心里引起感觉来。"我国古代学者孟子说："不专心致志，则不得也。"朱熹说："心不在此，则看不仔细，心眼既不专一，却只浪漫诵读，绝不能记，记也不能久也。"当代科学家茅以升说："只要集中注意力，不论是文章、数学或者故事，都不难记得住。"

（3）兴趣记忆法。兴趣作为一种学习心理现象会影响学习的全过程，在作为学习过程中的一个重要程序即记忆中也起非常重要的作用。兴趣能够增强大脑的兴奋感，增强脑细胞的活力，激发对记忆客体的注意力，导致记忆对象能够在头脑中打上深刻的烙印。一本情节生动、趣味盎然的小说或一部电影、电视剧往往会使人久久难忘。兴趣不仅需要外界有意创造各种环境、条件吸引记忆主体，更需要记忆主体自觉通过多种方式、方法培养对记忆客体的兴趣。因为生活工作需要我们记忆的事物、知识并不是都能直接引发记忆主体的直接兴趣。这就需要记忆主体从不感兴趣的事物、知识中尽量挖掘出一些使自己感兴趣的内容，努力形成间接兴趣。兴趣越浓厚，对记忆客体的心理指向性和倾向性越强，就越有助于记忆效能、效果。

（4）情绪调节记忆法。情绪与记忆的关系也十分密切。情绪状况如何，将直接影响记忆效能效果。一般说来，愉快的情绪包括希望、快乐、兴奋、恬静、好感、和悦和乐观等情感体验能够使人体的各种生理心理机能活跃起来，驱使人去更加主动的活动，使大脑的工作状态最佳化，大大提高大脑的工作效率和记忆功能。反之，不愉快的情绪包括愤怒、焦急、害怕、沮丧、悲伤、烦躁、紧张等情感体验则对记忆主体的神经活动产生抑制作用，导致记忆能力和记忆效果减弱。例如，一个学生平时把应考内容背得滚瓜烂熟，考试时一紧张，把记得很熟的内容全忘了。古人司空图的诗句"齿落伤情酒，心惊健忘频"中的后一句的意思是说，内心惊悸害怕，健忘的事年年发生。这正说明情绪在记忆中的重要作用。因此记忆主体要善于调节自己的学习情绪，始终保持健康、乐观、饱满、轻松、愉快、稳定的精神状态，使自己的情绪处于最佳状态，这非常有助于提高记忆效能和效果。

（5）感官协同记忆法。在记忆外部事物或知识时，往往需要视觉、听觉、味觉、嗅觉、触觉等共同参与。这些获取信息的通道充分利用起来之后，大脑皮层就会从多条途径得到关于同一内容的信息，必然在大脑中留下较深刻的印记。有人做过这样的实验：用 3 种方法让 3 组人记住 10 张画的内容。对第一组人只说出画的内容不让看画，对第二组人只看画不讲画的内容，对第三组人既看画又讲画的内容。过一段时间后，证明第三组人的记忆效果最好。这就说明，记忆时主观调动的感觉器官越多，记忆效能就越高。正是从这个意义上，朱熹强调，读书要有三到，即心到、眼到、口到。

2. 从记忆客体特点出发

由于记忆效果与记忆对象的自身特点也有直接或间接的关系，因此记忆主体在记忆过程中，就要努力去发现和挖掘记忆客体的这样或那样的许许多多的特点，由此派生出以下一些具体的记忆方法：

（1）直观形象记忆法。一般说来，记忆的对象越形象、越具体，越有助于记忆。有些记忆对象如自己亲眼所见、亲耳所闻、亲身经历的客观事物，因它本身呈现在你面前的特点就是形象具体，因而容易被记住。但有些记忆对象如知识则是以抽象性的特点呈现在记忆主体的面前。这就需要记忆主体善于把抽象性较强的记忆客体形象具体化。例如，记忆物理、化学定律时，就需要把定律的内容同课程学习时所做的有关形象具体的实验联系起来。

（2）口诀、韵律记忆法。记忆的对象有时杂乱无章，这就需要记忆主体对其进行整理，把较杂乱的记忆对象按照其自身的特点编成口诀、顺口溜，有助于记忆。

（3）缩写记忆法。一个较长的外语词组有时只取每个单词的头一个字母将这个词组缩写。这个方法也可以应用到对较多的知识点的记忆上。把记忆的内容、对象抓住最关键的词语尽最大努力简化、缩写。例如，哲学中关于“实践是认识的基础”这一知识点包括四点内容，即“实践是认识的来源、实践是认识发展的动力、实践是检验认识正确与否的标准、实践是认识的最终目的”。记忆时，可将其缩写为“来源、动力、标准、目的”8个字。需要回答问题时，再将其展开。这种方法还可以把记忆内容用数字书写出来。如把党在社会主义初级阶段的基本路线缩写为“一个中心、两个基本点、五点内容”。

（4）理解记忆法。理解记忆法也称为意义记忆法。所谓理解记忆法，就是借助积极的思维活动，通过理解事物的意义，把握概念的含义，依靠事物的本质特征及其内在联系掌握事物或文章的构架、层次和思路，并进行记忆的活动方式。理解记忆法的基本条件就是对记忆材料的理解和积极的思维加工，可见它是建立在更高智力水平上的记忆。

理解记忆法或意义记忆法，其基本特征有以下几点：

①与积极的思维活动相结合。通过分析、综合、比较、归类和系统化等思维活动，把握记忆材料的含义和范围，掌握其本质与非本质特征以及事物间的联系，加强对事物框架结构和意义的理解。在记忆各种材料时，还可以通过思维活动，从不同的角度和层次上去理解材料的整体结构和意义，以增加多种联系和度思考，使记忆材料意义更加深刻全面，从整体上系统掌握知识，进而纳入个体认知结构，形成长时记忆。

②运用已有知识经验。利用已有知识，进行新旧知识的联系与对比，找出相同与相异之处，使新材料融入或扩充已有知识体系。学习新知识时，很好地联系已有知识，是理解记忆法的重要一环，个人已有知识经验越丰富，越有助于理解的提高。

③灵活运用各种记忆策略和方法。针对记忆材料的不同性质、数量和范围大小及不同学习情境和个人情况，分别采取恰当的策略和方法，能加深理解，增强记忆。

④复述程度也能表明理解水平。用自己的言语去解释或陈述新知识，能增强理解，有助于记忆。

我们根据理解记忆的四个特征的情况，可以来衡量理解的运用水平。如果这几个方面做得好，可以获得全面、精确、牢固、迅速的记忆效果。

有人做了这样一个实验：要记住6个无意义联系的字，只需念一遍，但要记住36个无意义联系的字，则需要重读55遍。也就是说，当记忆此类的材料增加6倍，重读的次数增加了55倍。理解记忆则不然，当我们读诗歌的材料由一倍增加了 6 倍，学习的次数只由 2 次增加到 15 次。就是说，只增加了 7.5 倍，可见理解记忆效果好。

大量的研究表明，理解记忆法效果优于机械记忆法。记忆心理学家通过实验证明：意义记忆的效果要比机械记忆的效果大约高 25 倍。

理解记忆法是人们记忆活动最重要的基本方法。我们头脑中牢固掌握的知识，可以说绝大部分都是通过理解记忆获得的。请记住：理解记忆法是基于高智力水平上的记忆法，它与积极思维紧密结合，与已有知识体系联系，综合采用复述、组织、比较等多种记忆策略和方法，达到理解水平，使新知识纳入自己认知结构中，可牢固持久地储存于记忆中。理解是记忆成功的必由之路，理解记忆的基本条件是理解事物本来的构架和意义，而不是人为的意义。

(5) 提纲挈领记忆法。这种方法也是针对需要记忆较多的，但表面上也好像是杂乱无章的知识。在整理这种知识时，根据知识之间的内在联系抓住其主要脉络，用树形状方式或列表方式将记忆内容展示出来。中学一般的课程辅导教材每一章开始时，都要将本章中需要掌握的知识点简要罗列出来，这正是提纲挈领的方法。但这是他人整理好的需要掌握的知识点的提纲。作为学习和记忆主体，需要在自身理解基础上，学会自己整理。在记忆过程中自己整理比他人整理的效果更佳一些。

(6) 比较记忆法。记忆对象有相似的、相同的、相近的，也有相反的。在记忆过程中将其进行比较，抓住共同点、不同点、相近点，有助于更准确地记忆知识。比较记忆法中又可分为 3 种：一是反向比较记忆法，即把完全相反的事物或知识联系在一起记忆。如数学中的指数函数与对数函数公式、图像，三角函数与反三角函数公式、图像，微分公式与积分公式等；二是类比比较记忆法，即把相近或相类似的事物、知识联系在一起，区分为异同来进行记忆。例如对中国历史上一些大规模的农民起义，揭示出共同特征和不同特征；三是顺序比较记忆法，即按照教材的知识点的顺序找出它们之间的内在的由浅入深、由简单到复杂的逻辑关系记忆知识。

(7) 联想记忆法。联想记忆法就是在记忆某一知识点时联想与这个知识点有这样或那样联系的其他的知识点，从知识点之间的多种多样的联系中记忆知识的方法。西方一位学者指出，如果你想记住什么，你要做到的就是将它与已知的或已记住的东西联系起来，这一记忆方法实际上也是联想学习法在记忆过程中的具体应用。知识点之间的这种联系可以是知识之间客观存在的内在联系，如上面阐发的形象具体记忆法、比较记忆法中所提到的具体实例其中也包含了联想记忆法，其联系大多是知识之间的客观联系。联想记忆法中在记忆知识过程中也可以借助于知识间的表面联系进行联想。例如，日本的富士山海拔高度为 12365 英尺，如果孤立地记这个数字，确实不大好记。但如果根据这个数字特点与一年 12 个月共 365 天联系起来，这个数字就容易记多了。日常生活中人们对电话号码、手机号码的记忆常常运用这种方法。

3. 其他记忆方法

根据记忆效能、效果与记忆主体和记忆客体接触的时间长短、次数、间隔的时间长短、接触环境等有关系这一认识出发，也可以派生出一些具体的记忆方法。

（1）重复记忆法。任何一个事物或知识不可能一次性完完全全地都能够记住，同时在记忆过程中还有可能遗忘。如果增进记忆主体与记忆客体接触的次数，必然能增强记忆效果，因此对同一记忆对象就要有意增加接触的量，以及不断反复重复的记忆。这就是重复记忆法。平时的教学过程中教师常提醒学生对学过的内容要经常复习，运用的正是这种重复记忆法。运用这种记忆方法需要注意的是重复、复习一定要“及时”。因为心理学中的遗忘规律告诉我们：在记住某种内容之后，很快地便开始遗忘，但是遗忘的速度是不均衡的，开始时忘得多而快，以后便逐渐忘得少而慢。因而这里所说的“及时”复习就是在刚开始记忆某知识时，复习间隔的时间相对要短一些，次数要相对密一些。随着记忆的逐步巩固，间隔时间逐步延长，复习次数逐步减少。我国著名学者丰子恺先生在学外文时，对每篇外语课文都要读 22 遍。他一般第一天读第一课 10 遍；第二天读第二课 10 遍，第一课 5 遍；第三天读第三课 10 遍，第一、二课各 5 遍；第四天读第四课 10 遍，读第二、三课各 5 遍，第一课 2 遍。如此读下去，使他收到了很好的记忆效果。

（2）尝试回忆记忆法。前面我们已经阐述到，记忆过程包括“记”和“忆”两个方面。提高记忆效能一方面依靠与记忆客体的接触次数，另一方面也要自觉主动发挥“忆”的功能。不仅在需要应用这种知识时“忆”，在没有应用这种知识时，也要主动去“忆”。这种“回忆”不仅在系统复习时需要“忆”，平时在饭前饭后、睡觉前、会前会中休息时，在火车、汽车、飞机上都可以对正在学习的知识进行“忆”。在这种有意回忆中，一方面可以进一步加深知识在头脑中的烙印，另一方面也可以发现对知识记忆中存在的问题。再与上述重复记忆法结合起来，将进一步增强记忆效能，焦双健博士把这种方法也叫作“‘空想’记忆法”。他说：“先举个例子。有一次外出探亲，需要坐半个小时的长途汽车。在旅途的颠簸中，我便在心里一句一句地复述前不久学过的英语课文和单词，眼睛看着窗外的景物快速向后退去。后来眼睛累了，索性就闭上眼睛，靠在靠背上回忆数学公式和老师讲过的例题。这样，能够想起来的知识被加深了，至于没能想起来的内容，后来翻了课本，便将他们牢牢记住了。所谓‘空想’记忆法，并不是指什么也不想，而主要是去回忆已经记住的内容，用以加深印象，防止遗忘。实际上，在‘空想’时，我仿佛在前额里边开辟了一块扁长的区域，像块电视屏幕，我能够回忆起的以及没有回忆起的，都依稀显示在这块扁长的‘屏幕’里。”

（3）遗忘记忆法。在记忆过程中遗忘是不可避免的现象，遗忘作为记忆的对立面在记忆过程中自然要同它进行不断的斗争。但遗忘不仅在记忆过程中起消极作用，在有些情况下也能够对记忆起积极作用。因为人们所接触到所有遗忘的知识并不一定对人们都有一定的积极作用和意义。因此，对那些与自己工作联系不大的或日常生活中的鸡毛蒜皮的生活琐事不仅没有必要重复它，而且还需要有意地去忘却它。这样有助于把精力更集中在需要记住的主要目标上。清代学者郑板桥说：“板桥生平最不喜人过目不忘，而《四书》《五经》自家又未尝时刻而稍忘；无他，当忘者不容不忘，不当忘者不容不忘耳。”

（4）外储性记忆法。学海无涯，指望有限的大脑把人类已经积累的知识全部记下来是不可能的事。人脑虽然潜力无穷，但一定的工作时间后总是要疲劳的。因此人们在充分利用大脑记忆能力的同时，也借助于一些必要的物质手段，进行大脑之外的储藏性的记忆，例如，借助于笔记、摘抄、卡片、读书眉批、夹注等，特别是利用现代科技手段如复印机、录音机、计算机复印或储存一些必要的资料。这样可以适当减轻大脑的负荷，省出精力来记忆最主要的东西，并进行创造性的思维活动。正如俗话所说，好记性不如烂笔头。霍姆林斯基也说："要学会如何减轻自己今后的脑力劳动。"这里说的是要学会赢得时间的储备。为此，就要习惯于建立记笔记的方法。

（5）环境记忆法。所谓环境记忆法就是有意识有目的地创造一个记忆知识的外部自然环境和社会环境的方法。我们知道，安静的自然环境，是学习者精力集中的外在前提和条件。人在安静的环境下易于集中注意力，反之则容易导致精力分散。因此记忆主体尽量选择一个较为安静的自然环境下读书记忆。同时有些社会环境也非常有助于对知识的记忆学习。记忆主体要自觉主动创造这样的记忆环境。例如，张海迪在初学英语时，正如她自己所说的："在家里，我给自己布置了一个'英语环境'，墙上、书架上、手上、胳膊上……凡是我够得着的地方，我都写上单词，有空就背。为了练好发音，我还找了一位'英国朋友'，她就是镜子里的我！练习对话时我就写两份稿子，一份代表一位中国姑娘，另一份代表一位'英国姑娘'，然后由我自己同时扮演这两个角色。"

（6）应用记忆法。应用是学习知识的最终目的。经常有意识地应用知识，不仅有助于将知识转化为素质、能力，同时反过来也有助于进一步加深对所应用的知识的记忆。

第二节　大学生的理解方法

理解也是学习过程中的一个非常重要的阶段或程序。在现实的学习活动中，一些大学生对知识理解过程中存在着一些倾向性问题：一是重记忆轻理解，有的学习者把学习单纯归结为对知识的记忆过程，看不到理解这个环节在整个学习过程中的极其重要的作用，因而在学习过程中自觉不自觉地忽视对知识的理解，不愿意在对知识的理解上下苦功；二是理解上的被动性，有些大学生虽然在对一些知识的理解上也在逐步加深，但大多是依靠教师和他人在课堂上或课下对知识点的掰开揉碎的讲解，而自身不会主动去加深对知识的理解；三是理解上的盲目性和肤浅性，有些大学生尽管有对知识主动理解的愿望和要求，但却不知从何处入手和采取什么样的方法对知识进行理解，由此导致在对知识理解过程中的盲目性。有些知识即使有所理解的话，也只是对知识的一种肤浅和表面上的理解。

造成上述问题的原因既有对理解重要性的认识问题，也有不会理解的方法问题，同时还有学习者自身的知识结构上的缺陷和不正确的思维方法等，因此有必要搞清楚究竟什么叫“理解”，什么叫“理解得深”，怎样才能够“理解得深”，影响理解的基本因素、基本条件和理解的基本方法是什么。

“理解”这个词是由“理”和“解”两个字组成的。汉语中的“理”有“道理”“理性”“整理”的含义，意思是没有停留在对事物或知识的表面现象的杂乱无章的认识上，而是经过理顺达到对事物或知识的深层次的理性的认识。汉语中的“解”字有“分解”“解剖”“分析”的含义。那么这两个字所组成的“理解”一词实际上是学习者对理解对象通过解剖、分析、归纳、整理最后达到对其深刻的认识，是学习者对事物或知识的认识上的深化的程度和过程。如果一个学习者对一个事物或知识停留在外表或字面上的认识我们绝不能说这个学习者对这个事物或知识理解了。这个学习者只有在这个基础上继续深入去认识，对这个事物或知识能够说出更多的更深层次的含义、内容、根据等，我们才能说这个学习者对这个事物、知识“理解”了。说出的含义、内容等越多，“理解”得也就越“深”。这里所说的“理解得深”就是没有停留在对事物、知识的外表、字面上的认识，而是透过表面，揭示出事物、知识的内在联系或事物、知识与其他事物、知识之间的内在联系关系。这种联系、关系揭示得越普遍、越广泛，对事物、知识的理解程度也就越深。

制约和影响学习者理解的深浅程度主要有三个因素：一是学习者自身的知识结构。学习者掌握与理解对象有关系的知识越多、越丰富、越全面、越深刻，对理解对象的理解程度也就越深刻；反之，就不容易理解，更不容易深刻；二是学习者自身的思维方式。思维方式就是思维的工具，工具先进正确与否也影响到对理解对象的理解程度。马克思主义的辩证唯物主义和历史唯物主义就是科学的思维方式。自觉运用马克思主义哲学有利于对知识的理解；三是理解对象的基本结构。作为理解对象的事物或知识尽管从内容和形式上多种多样，但都有共同的普遍的结构特征。它们必须具备三个基本因素或三个组成部分：一是事物或知识点的基本内容即“是什么”或“包含什么”的因素；二是理解对象的理论或事实根据即“为什么”的因素；三是理解对象的价值或意义即“有什么用”的因素。认识这几个基本因素和构成，对于加深对事物、知识的理解是大有意义和价值的。

理解作为学习过程中的一个极其重要的环节有其最一般的程序和步骤：

第一步：知其然。知识点基本构成的首要一点是知识点的基本内容，因此理解知识的第一个步骤就是了解和揭示这个知识点的基本内容，也就是古人所说的“知其然”。需要指出的是，“知其然”并不是将这个知识点按其所表述的符号再简单地重复一遍，而是用更通俗、更明确、更具体、更深刻的语言或文字表述其“是什么”或“包含什么”的内容。例如，科学发展观内容，如果只是原封不动地背出“坚持以人为本，树立全面、协调、可持续的发展观”，就不能说对科学发展观理解了。如果把它的内容区分为四层含义，即第一要义是发展、核心是以人为本，基本要求是全面协调可持续、根本方法是统筹兼顾。然后对“以人为本”再分析，包括人是目的、人是动力、人的发展是内容，人是具体历史的人，主要就是指人民群众等内容，这样显然理解就相对深一些。

第二步：知其所以然。知识点基本构成的第二个基本因素是知识点的根据，即“为什么”。因此理解知识的第二个步骤就是“知”知识点的“为什么”，也就是古人所说的“知其所以然”。“知其所以然”的方式方法多种多样，但大致有两种方式：一是熟悉和了解知识点的创立者所阐发的知识点的“为什么”。一般说来，知识点的提出和创立者在提出新观点、新知识时，总要论述和阐发这种观点的理论和事实根据。因此学习者首先就必须从知识点的创立者的论述中去“知其所以然”。二是从自身已经掌握的各种各样的知识出发，去揭示知识点的“为什么”的规律性。有些知识的创立者并没有直接说明和论证知识点的“为什么”，但同样也一定包含着“为什么”的规定性。例如，许多名人格言往往直接表述出“是什么”或“包含什么”的内容方面规定性，但却没有用语言、文字表述“为什么”的规定性。这就需要学习者努力把自身已经掌握的有关知识从头脑中调出来与该知识点发生碰撞，去揭示该知识点的“为什么”的规定性。这种方法也适用于知识创立者已经阐发过“为什么”的规定性的知识。因为知识创立者所提出和阐发的知识点的各种论据也并不一定非常完全，学习者还必须继续去说明和揭示知识点的新的“为什么”的规定性。无论何种方法，“知其所以然”即这种“为什么”的规定性揭示得越全面、越丰富，越有助于对知识的理解和掌握。

第三步：知其用。知识点的第三个规定性是其价值和意义即“有什么用”的规定性。因此在理解知识点时，在“知其然，知其所以然”的基础上，还必须熟悉和了解知识点的具体价值、功能和意义，即“知其用”。因为每一个知识点的具体的价值和功能是知识之所以转化为人的素质和能力的内在根据之一。如果一个学习者不熟悉、不了解和不认识知识点的具体的价值和功能，这个知识点就不可能转化为学习者的素质和能力。只有在“知其然”“知其所以然”的基础上，又知其具体的价值和功能，知识才有可能转化为学习者的素质和能力，才能真正体现出它的价值和意义。知识既有普遍的价值和意义，也因其特殊的内容而有其特殊的价值和意义。学习者要善于从不同的角度和视野发现和揭示知识的多重的且不同的价值、功能，特别是对自身的价值功能。南宋学者吕祖谦谈读历史书籍时说：“观史如身在其中，见事之利害，时之祸患，必掩卷自私，使我遇此事，当作何处之？如此观史，学问亦可进，知识亦可高，方为有益。”这不正是突出历史知识对自身的价值意义吗？不仅读历史知识，读一切知识都要首先联系学习者自身如何、如何。如学习了哲学的唯物论、唯心论的基本观点的内容和根据后，就首先考虑自身如何应用唯物主义的方法分析和认识问题，如何辨别、纠正和批判生活中表现出来的唯心主义思维方式等。

理解掌握知识的三个基本步骤是相互联结、相互依赖、相辅相成的。对知识点的“知其然”的正确与否与深浅程度直接关系到“知其所以然”和“知其用”的正确与否与深浅程度，反之，后两个步骤也会影响到第一个步骤。

理解知识除以上三个基本步骤之外，还派生出以下一些更为具体的理解和基本方法：

（1）质疑理解法。质疑理解法实际上是质疑学习法在理解过程中的具体应用。在对事物或知识的理解中，第一步就要学会质疑。学习者可尝试从构成知识的三个基本因素角度提出问题，然后再调动头脑中已经储存的知识去回答，或者再去查阅和学习其他新的知识来解释这些问题，由此推动理解的深入。如理解“解放思想，实事求是”的观点，如果停留在字词上，似乎没有什么难理解的。但是用质疑的方法提出一些问题来，如究竟什么是“解放思想”和“实事求是”?“解放思想”是否要从一切思想中解放出来？是否不要一切思想的束缚？“实事求是”恰恰是要求人们的行为受思想的束缚，二者矛盾吗？为什么？“解放思想，实事求是”对我们的实际工作究竟有什么指导意义等问题，这些问题并不是每一个学习者都能够解释清楚的。如果学习者对这些问题解释清楚了，那么对“解放思想，实事求是”的观点就有了较为深刻的理解。

（2）分解理解法。分解理解法实际上是分解学习法在理解过程中的具体应用。他强调在对待事物、知识的理解过程中对其要进行分解、分析。从构成知识的 3 个基本因素角度理解知识是一种分解，每一个基本因素也还可以从分解的意义上理解知识。例如，对“世界的统一性在于物质性”这个观点就可以从“是什么”“为什么”“有什么意义”三个方面来理解。对“是什么”的含义又可以从对“世界”“统一性”“物质性”三个概念的分别理解后再理解这个观点的整体含义。对“为什么”可以分解为“自然科学的发展”和“哲学的发展”两方面来证明。对“有什么意义”可以分解为“理论意义”“方法论意义”“现实意义”三个方面来说明。

（3）事例理解法。现实的学习生活中对学习者理解上较为困难的知识大多是抽象性较强的规律本质类知识。任何规律本质类知识都是从事实现象类知识中抽象出来的。这两类知识是一般与个别的关系。当这种规律本质类知识与事实现象类知识结合起来的时候，必然会加深对规律本质类知识的理解。黑格尔说过：一句格言，出自老年人口中和青年人口中的含义是不同的。原因就在于老年人有大量的亲身经历的经验、事实，而青年人则较为缺乏，所以理解不同。教师在讲课中讲到抽象性较强的知识时经常举一些事例，所运用的也是这种事例理解法。学习者要自觉主动结合大量的历史和现实生活中、自然和社会现象中的事实现象类知识去理解规律本质类知识。

（4）理论推导理解法。在理解知识中特别是对一个事物或知识理解“为什么”的时候，除列举一些事实根据外，还必须做理论上逻辑上的推导和证明。因此就需要运用理解对象有关系的理论知识。学习者就要把这些知识从头脑中调出来，和理解对象发生关系，揭示它们之间的内在的理论上的逻辑关系。由此加深对知识的理解。数学学科中根据已经学习过的定理或公式来证明新学习的定理或公式的方法就是理论推导理解法。现实生活中人们对一些自然或社会现象的解释也是这种理解方法。如2008年发生在西方国家后波及全世界的金融危机发生后，人们就运用马克思《资本论》中的经济危机理论分析、论证来理解目前这场金融危机的根源、危害性及克服途径。

（5）比较理解法。比较理解法实际上是比较学习法在理解中的具体应用。也就是把理解对象放在与其他知识的异同关系中、纵向横向关系中、反向关系中、坐标关系中进行理解。例如，对“学习”这种社会现象的理解。如果把“学习”仅仅理解为“获取知识”或者“行为和经验的持久的变化”，显然就比较直观、肤浅。原因就在于这种理解没有把“学习”放在社会生活和人类实践活动的大坐标中理解“学习”。如果我们把社会和人类实践活动的发展区分为外部世界的发展和人自身的发展这样两个有区别又相互作用、相互影响的不可须臾离开的方面。而“学习”实质上就是人们通过多种途径、方式获取知识并转化为人的素质和能力的人的自我发展、自我提高、自我改造、自我教育的过程。这种认识就较为深刻一些。此外，人们对一些不熟悉的或抽象深奥的知识的理解中常常运用比较熟悉的或较为肤浅的现象、知识做比喻加以说明解释也是一种比较理解法。

（6）应用理解法。应用理解法就是指在把知识运用来说明解释、推导证明其他事物、知识，或者用来指导自身的实践活动时，一方面发挥了知识的应用功能；另一方面通过与其他事实、知识的联系、碰撞中反过来又进一步加深对所应用的知识的理解方法。陆游的诗句“纸上得来终觉浅，绝知此事要躬行”正是说明对知识的应用和实践反过来可以促进对书本知识的真正理解和掌握。

第三节　应用的实质及其基本方法

一、应用的实质

知识的应用不仅是学习过程中必不可少的环节和阶段，而且是最重要的环节和阶段。所谓应用就是用已经记忆和理解的知识去说明、解释和撞击客观事物或其他知识，使该知识的功能、价值充分体现出来，并逐步转化为学习者自身的素质和能力的过程。

应用在学习过程中的作用主要是：一是只有一种应用知识，知识才能转化为学习者的素质和能力；二是对知识的应用，反过来也有助于对知识的记忆和理解；三是在知识的运用过程中可以检验原有知识的正确与否，进一步发现问题，提出问题，对所应用的知识进行补充、修正、丰富和发展；四是只有应用知识，才能使知识的价值和功能充分展示出来，才能促进人们实践活动的深入，才能为人类创造更多的物质和精神财富。学习的真正的社会价值才能真正体现出来。

知识的应用同样受各种各样的因素和条件制约、影响。这些条件和因素主要有：

(1) 学习者对知识的应用意识的程度高低。所谓应用意识就是学习者对知识是否有应用的自觉性和主动性。只有具备对知识应用的自觉性和主动性，才可能真正完成对知识的应用过程，才可能真正转化为学习者自身的素质和能力。应用意识的程度越高，越有助于知识的应用效果和向自身素质、能力的转化。

(2) 学习者对知识的记忆和理解程度以及对知识正误的辨别能力。学习者必须是在对知识的记忆和理解这两个环节和阶段的基础上才能运用知识。对知识记忆得越牢固和理解得越深刻，越有助于对知识的应用。同时，知识有正确与错误之分。如果一个学习者对知识是否正确或者错误不能加以辨别，把正确的知识当作错误的知识加以应用，或者把错误的知识当作正确的知识加以应用，那也是绝对不能取得应用的真正效果的。

（3）学习者对所应用的知识的价值、功能的熟知程度。任何知识都具有价值性、功能性。但每个知识点的具体意义、功能、用途是什么，却不是相同的。作为学习主体来说，必须熟知和了解所应用的每一个知识的具体功能和价值，才有可能正确的应用知识。否则把知识应用到它不应该应用的地方，这怎能达到对知识预期的应用效果呢？

（4）学习者自身丰富的知识结构。学习者对知识的应用过程绝不仅是一个知识的孤立的应用过程。它必须应用对象有直接或间接关系的其他的有关知识相互结合起来，才能真正运用好知识。这就需要学习者有较丰富、宽厚的知识结构。

（5）学习者对知识应用的对象的熟悉和了解程度。应用的过程实际上是学习主体把已经记忆和理解的知识与应用对象发生碰撞和相互结合的过程。如果学习者只是停留在对所应用的知识本身的内容和性能的掌握上，而对于所应用的对象的特性、特征一无所知，或了解的非常肤浅，也不可能达到应用的预期结果。成语“纸上谈兵”正是说明那种只是熟读和牢记书本知识而不熟悉和了解书本知识应用对象的人即使有强烈的应用意识，其结果只能是适得其反。

二、应用的基本方法

1. 决策应用法

人们的一切行为和活动主要都是有意识、有目的的活动。人们在现实生活中总要遇到许许多多的这样或那样的预料不到的问题、情况，需要人们拿主意、拿办法，去选择和决定自己应该采取的对策、手段和方法。在这种情况下，就需要学习者充分调动头脑中已经储备的各种与该实际问题有直接或间接关系的知识去碰撞客观实际情况，作出正确的决策来。战争行为中需要决策，现代化建设中需要决策，其实我们在日常生活、工作、学习中的任何时候都需要决策。决策就需要知识，离开知识的决策是不存在的。知识贫乏、肤浅的人和知识丰富、深刻的人决策出来的路线、方针、政策、手段、方法必然有所不同。决策是对知识的最好的应用过程，也是最重要的应用过程和最重要的方法。

2. 观察应用法

观察应用法实际上也是观察学习法在观察过程中的具体体现。观察的过程首先是获取观察对象大量的感性认识、感性材料的过程。但观察绝不是到此为止，它必须对这些感性的材料、认识进行整理，“去粗取精，去伪存真，由此极彼，由表及里”。正如牛顿观察了苹果落地的现象后，仅仅了解这一事实，也就失去了观察的意义。牛顿观察了包括苹果落地在内的许许多多类似的现象后，对其进行理性的思考，揭示出万有引力定律后，观察的全过程才基本完成。而在从感性认识到理性认识发展的过程中，一个非常重要的条件就是关于思维方式的知识和与该观察对象有关系的其他有关知识的介入。这个介入的过程就是其他知识的应用过程。从这个意义上说，观察的过程既是获取新的感性认知、理性知识的过程，也是应用头脑中已经掌握的其他知识并把这种知识转化为自身素质的能力的过程。

3. 理解应用法

理解作为学习过程中的一个环节主要是对理解对象认识上的深化和深入过程。但在理解过程中运用学习者头脑中已有的知识去和理解对象发生作用时，对于头脑中原有的知识来说就是应用的过程。因此所谓理解学习法就是在理解其他事物或知识时，运用原有的知识对其加以说明、解释，因此使所应用的知识转化为素质和能力的过程。这种方法对于在校学生来说是一种经常运用的对知识的应用方法，例如，在理解、说明哲学知识时，运用经济学知识、历史知识、法律知识和一些理科知识，不仅反过来有助于对后者的理解，而且也发挥了哲学知识的功能、价值，使这些知识进一步向学习者自身的素质和能力转化。

4. 引进应用法

引进应用法主要是把自然界和社会生活中的各种现象和事实自觉引入课堂上和书本里，用正在学习的书本知识和教师正在讲授的知识对其进行说明、解释。这也是一种非常重要的应用知识的方法。特别是对于在相对集中的时间内在学校学习的大学生来说，是非常重要的理论联系实际的方法。例如，地理学中可以把厄尔尼诺现象和拉尼娜现象引入到课堂上和学校里，应用所学过的地理学知识加以说明。2003 年以美国为首的西方国家对伊拉克的入侵，2008 年世界范围内的严重的金融危机以及当前国内正在发生的热点新闻等大量事实都可以引入到经济学、政治学、哲学、法律学、历史学等课堂学习中来。

5. 总结应用法

人们日常生活、工作和学习中经常需要总结。所谓总结，一是对已经做过的工作、学习等情况作一总的评价；二是对取得的成绩和存在的问题作具体的分析，揭示出主客观等各种原因。这种总结必须以知识为指导。与所总结的事情关系较密切的知识较为丰富的人与没有这种知识或较贫乏的人所总结的结果必然不同。这就要求总结者自觉运用所学习过的有关知识进行工作、学习的总结。这也是对知识的应用的一种重要方法。

知识的应用是知识学习中最重要的一个环节，也是最困难最不容易做好的一个环节。现实生活中的一些学习者在知识的应用中主要存在以下几种倾向性的问题：

（1）缺乏对知识的强烈的应用意识。是否对知识有极其强烈的应用意识是对知识能否应用及应用是否成功的最重要的因素和条件。但是在现实生活中的一些大学生由于学习动机、目的方面存在的问题和较低层次的学习价值观，因而在知识的学习过程中着重放在对知识的记忆或理解方面，不自觉地忽视或轻视知识的应用这一学习中的最重要环节，缺乏知识的应用意识。即使教师创造了一些应用知识的环境和条件之后，学习者对知识的应用也是一种被动状态。这种对知识的应用也达不到预期效果。有这种倾向性问题的学习者希望能够从学习动机、目的入手，真正树立对知识的强烈的应用意识。

（2）不熟知、不了解、不善于发现所应用的知识的具体功能和作用。一些学习者虽有对知识的运用意识，但对什么是“掌握知识”这个问题上存在着片面性的认识。古人讲，对知识的学习不仅“知其然”，而且要

“知其所以然”。这种认识针对单纯强调“知其然”地掌握知识的倾向是有一定的合理性的。但它本身仍有一定的不全面性。根据知识构成的三个基本因素的理论，对知识的掌握应在前两方面基础上，还应加上“知其用”。一些学习者在学习知识时，往往忽视对知识的第三个基本因素的理解和掌握。导致在需要运用该知识时，却不能把该知识与应用对象自觉联系起来。在如有些知识的直接功能具有个别性，但个别中包含一般。学习者要善于发现特殊知识的普遍功能，就有助于对知识的运用。如果从其个别中挖掘其一般的含义，那么这首诗对从事任何专业的人都有价值。就可以引用它说明理论和实践、形式与内容、博与专的关系，说明对自身的指导作用。

(3) 把知识的应用仅限于工作实践中。有些学习者认为，学生在学校学习知识主要是对知识的记忆和理解，因为没有参加工作实践，所以就不能应用知识。这种认识把对知识的“应用”的含义理解得过于狭窄了。固然工作实践是对所学知识的最重要的应用，但在学校学习期间同样可以应用知识。如前面所阐发的引进应用法、理解应用法、观察应用法、总结应用法等本身就是知识的应用方法。此外大学实验课、实习课、科研活动中，也都可以应用知识。

第四节　大学生在校学习方法

一、大学生课前预习学习方法

预习是在校学生学习的第一个程序，在整个在校学生的学习过程中起着非常重要的作用。一是为下一程序的课堂学习做准备工作。如对课堂所学内容有一个大概、粗略了解，提前消灭教材中的某些较难理解的典故、字词、语句等障碍课程学习的“拦路虎”，发现教学中的主要疑难问题，有目的地带着问题听课，有助于提高课堂学习效率和听课效率；二是可以逐步变学习中的被动状况为主动状态；三是有助于培养自学能力，为毕业之后的学习打下一个较好的基础。

预习可分为三种方式：一是总预习，即一门课程在开讲之前，大略翻阅一下教材的目录、各章节的主要内容，熟知一下该门课程的内容上的主要特点；二是阶段预习，即一门课程几个大的阶段前的预习，对这个阶段中所要讲授的几个章节内容再预习一遍；三是课前预习，即对下一课堂所要讲授的内容进行较为详细的预习。从严格的学习程序来说，大学生对于基础课、必修课的学习应该遵循预习的这三个程序，最少也要做到课前预习。

预习的主要方法有：

(1) 概览预习法。主要是对应该预习的内容做粗略、概括的了解。先留心读一读教材前言或绪论部分，了解一门课程知识的主要内容、知识结构顺序、学习目的、意义等；然后看一下章节目录、标题；接着还可粗读一遍教材，头脑中先有一个对教材内容的总印象。

(2) 提炼概括预习法。每章、每节、每段阅读后，提炼出每章、每节、每段的中心思想和段落大意。抓住每一段、每一节的关键词语、重点论述和基本原理。

(3) 除障碍预习法。预习的每一章节内容中总会遇到一些不懂的词语、典故、生字、事件等障碍理解教材中的观点和内容的“拦路虎”。在预习中可以通过查阅工具书等方式提前消灭，以有助于对应掌握的观点和内容的理解。

(4) 质疑预习法。在预习中有意识地发现不易理解的疑难问题，善于从不同角度提出各种各样的问题，并试图回答这些问题。无论能否回答，都要带着这些问题自觉主动地去听课。

(5) 思考题预习法。在一般的教材每章节后总要布置一些思考题目。预习时，可以按照这些思考题目看自己能否回答，以此检验自己的预习效果。

(6) 参考书预习法。预习主要以教材为主，但也可以参阅参考书。参考书有两类：一类是不同版本的同一教材，预习时可以把指定教材和参考教材比较对照，找出疑难问题和加深对基本观点、内容的理解；另一类是与教材内容有密切联系的专题研究的专著。把教材同这类参考书籍结合起来，有助于把观点、原理的理解进一步引向深入。

学习者在预习过程中应注意克服几种不正确的心理倾向。

（1）一看就会的心理。有些学习者预习时，在粗略看了教材内容之后，发现思路清楚，难懂难理解的语句、观点基本没有，不懂的字词、典故也没有。于是就觉得内容容易，不愿意对重点段落和观点进行深入思考。这些教材虽然从字词表面上似乎没有难理解的问题，但其实有些观点非常深奥，内容也非常丰富。学习者如果善于思考，善于把正在预习的观点、内容与已经学习过的其他知识点或者其他学科的有关知识点结合起来，就会发现许许多多的较难理解掌握的问题。克服这种心理的最好办法就是开动脑筋，积极思维。

（2）一看就畏惧的心理。有些学习者预习时，也是在浏览一遍教材之后，发现文中专门术语很多，典故多，看不懂的语句也多。于是就产生了畏惧情绪，不愿意继续看下去，专等课堂上老师的讲解。确实，有些课程的内容有一定的难度。反映在教材上就必然会出现较难理解的语句和典故。也正是因为这个原因，才更需要学习者更加认真深入地预习和阅读，提前扫清理解基本观点和原理的障碍。即使一些语句和原理不理解，经过深入思考，搞清楚自己究竟什么地方不懂，懂到什么程度，不懂到什么程度，这也就达到了预期的目的。带着这些问题听课，对提高课堂的学习效果是有极大帮助的。如果一发现不易理解的内容就不愿意继续深入下去，完全等到课堂上去解决，势必会影响听课效率和效果。克服这种心理的主要方法就是树立学习中的勤奋刻苦精神和坚强毅力。

（3）捡芝麻丢西瓜的心理。有些学者预习时发现一些难理解的语句和典故后，就把精力完全放在这些语句、典故上，自觉不自觉地忽视了对重点段落、重点命题的思考和理解。应该说，预习中搞清楚不懂的语句典故是非常必要的，但绝对不能捡芝麻丢西瓜。应该抓住该章节最主要最关键的问题和内容深入思考。克服这种心理的主要方法就是树立抓主要矛盾和矛盾的主要方面的思维方式。

（4）轻视预习的心理和习惯。有些学习者认识不到预习在整个学习过程中的重要作用，往往把预习排除在学习的全过程之外。如果教师强制要求，就应付一下，不强制要求，就根本不预习。克服这种心理和习惯的主要方法就是努力提高对预习重要作用的认识，增强学习的自觉主动性。

二、大学生课堂听课学习方法

在课堂上听教师讲课，是在校学生最重要的一个学习程序。大学生和中小学生相比，听课在整个学习过程中的比重应该说有所下降（预习和复习作用上升），但它仍然是整个学习过程中的中心环节。课堂的听课效率、效果直接影响着整个学习的效率、效果。课堂学习作为教学中的一个最重要的程序从整体意义上说，其效率和效果取决于教师的教学水平和能力。但对于同样水平、能力的教师甚至对于同一个教师来说，不同的学生的学习状况并不完全相同，甚至差距较大。这就取决于每一个学生在课堂上学习的积极主动程度和听课方法。以积极主动的态度和正确的听课方法听课的学生就能够最大限度地吸取教师的讲课内容，达到最佳的听课效果。反之，对教师的讲授内容的吸取程度和效果就相对差一些。古人在谈到课堂学习问题时，讲到三种不同的听课方法，“上学用神听，中学用心听，下学用耳听”。因而导致不同的听课效果，“用神听之，听之骨髓；用心听之，听之肌肉；用耳听之，听之皮肤。听之不深，知之不深也”。这就要求学习者在课堂学习中一定要有正确的态度和方法。

正确的听课方法主要有：

（1）多感官协同听课法。听课，似乎主要是发挥听觉器官的功能，其实不然。听课的过程实际上是眼、耳、手、脑并用的过程。耳朵既要认真听，眼睛也要认真看。既要看教师的板书，也要看教师的手势和表情。同时手上还要认真记，大脑还要认真思，眼、耳、手、脑同时并用、协同配合，才能取得最佳听课效果。只是带着耳朵听课，实际上就把课堂学习同录音机学习等同起来了，必然降低听课的实际效果，

（2）寻思路听课法。教师在课堂上要讲许多观点和内容，但这些观点和内容，不是毫无内在联系地罗列出来，而是遵循一定的逻辑联系一个接一个、一步跟一步、一层又一层地揭示和展示出来。同时，每次课开始时，总要由上一次课内容导入到本次课的内容，教师在讲授过程中还要不断提出带有启发性的问题。作为听课的学生，不仅要听教师讲授哪些观点和内容，更重要的是要跟随老师所引导的思路如何切入到本课内容的，如何揭示这些观点和内容之间的内在的逻辑联系的，同时还要随着教师提出

的问题积极主动地思考。也就是说，听课者的思维进程一定要努力跟上教室思维进程。

(3) 对比听课法。这种方法主要是在进行认真预习基础上所采取的听课方法。由于在预习中学习者初步弄清楚了一些问题，同时还带有许多问题。听课者首先就要把自己在预习中自认为清楚的问题同老师的讲解加以对照，以便加深理解这些问题，同时发现自己理解上的不足或缺陷，然后，要有意识地带着预习中遇到的不懂、不清楚的问题认真听一听教师对这些问题的讲解，这种听课方法目的明确，针对性强，会使听课效果更为突出明显。

(4) 抓精华听课法。教师在一个单元的讲授内容中包括许多内容和观点。有些内容和思路是一般教材和大多数教师的普遍讲法。有些则是教授课教师独到的或创新性的见解。听课者在抓住教师对基本概念、基本观点这些重点内容的普遍性见解的讲授的同时，更要抓住教师独到或创新性的见解。往往后者是课堂讲授中最精华的内容，对听课者来说也是最受启发的地方。作为听课者，就要学会和善于抓住这些精华和最受启发的内容。

(5) 质疑听课法。学习者学习中需要提问题，听课中也要善于提问题。一是因为有些观点和内容教师在课堂上对多数学生来说，已经讲清楚了，但由于每个听课者的基础不同、理解能力不同、预习的程度不同等，总有少数听课者没有完全听懂。这些听课者就应该把不清楚的问题记下来，课后通过与老师或同学交谈真正弄明白这些问题；二是因为课堂时间有限，有些问题特别是一些非重点问题教师没有展开讲授。听课者如果能够发现这些问题，提出来课后向教师请教，也非常有助于学习的深入和思维能力的提高；三是教师讲的观点和认识也并不都百分之百正确。听课者也不应该完全盲从教师。如果能够发现教师讲课中的一些问题，或对一些认识有不同看法，都应该记录下来，课后与老师商榷讨论。这样做不仅对自身的学习和能力的提高有极大的帮助，而且也会促进教师水平和能力的提高。

(6) 记笔记听课法。课堂记笔记，是听课的一种非常重要的方法，也是当前绝大多数听课者习惯运用的一种方法。但是真正记好笔记却不是每一个听课者都真正能够做到。听课笔记中不仅要记录下来教师板书的内容，更要记录下来教师在讲解中阐发的重点内容、观点、关键词语，特别是对自己启发最大的教师中的最精华的内容。课堂笔记一般是为自己今后复习所用，因此笔记中可采用多种自己习惯运用的符号。同时最好边上留下一些空白，以便复习时对笔记进行整理。

听课者在听课过程中也应注意克服几种不正确的心理状态和习惯方式：

（1）不积极主动思维的心理和习惯。有些听课者认为，听课主要是“听”，自己的大脑就是一个白板或是一个筐，任凭教师网上贴或往里装。这种把听课看作单纯的只是教师向学生传授知识的过程的观点显然是不正确的。听课的过程应是双向的、相互的过程。教师的讲授并不能真正取代听课者对知识的接受，教师讲课是积极主动地讲授知识的过程，学生听课也是积极主动接受知识的过程。听课者要做到这一点，就必须发挥大脑主动和善于思维的习惯和方式。古人所说的“用神听之”正是指的这种听课方式。

（2）过于注重教师讲课的方式、方法的心理。教师的讲课方法多种多样。有着善于逻辑推演的理性思维，有着善于具体生动的形象思维，有的善于启发式教学，有的善于用幽默的语言、故事活跃课堂气氛。对于听课者来说，有些教师的讲课方法适合自己，有些就不大适合。于是有些听课者就过于注重和追求教师的讲课方法。讲课方法凡是适合自己的，就认真听讲；凡是不适合自己的，就产生抵触心理、情绪，听课过程中自觉不自觉地就开始走神，甚至放弃听课而从事其他事情。作为教师，应努力提高教学的全面能力。但作为听课者就不应过多地苛求教师而影响自己的课堂学习。同样应该学会适合各种各样的教学方式、方法。在面对适合自身的教学方法时，能够最大限度吸收讲授内容；在面对不适合自身的教学方法时，也应该学会最大限度地吸取讲授内容。

（3）听热闹而不注重内容的心理。教师讲课中总要结合观点讲一些有关的事例和具体、形象、风趣的故事等。这种讲课方法对学生的吸引力较大，是教师讲课的优点、长处，其目的是帮助学生更好地理解基本原理。但有些学生听课中往往只注意引人入胜的情节和热闹场面，而忽视了这些事例背后所包含的深刻的内容、含义，听课的效果就不自觉地打了折扣。因此听课者应该学会善于通过这些热闹情节去把握更深层次的观点和内容。

(4) 知难而退的心理和习惯。由于教材的难易程度不同、教师的教学水平能力不同以及学生自身的知识结构和理解能力的差异等多种原因，导致有些听课者听课过程中遇到较多的听不懂的问题。这种情况下最容易产生的就是这些听课者的畏难心理和情绪，因而不愿意继续听下去。其结果是恶性循环，导致以后的课程听课难度更大。其实听课者遇到这种情况，绝对不能知难而退，而应该极力克制自己，更加集中精力，更加积极主动思考，同时把听不懂的问题及时记录下来，课间或课后请教老师或同学，尽快加以解决。不懂的问题及时解决得越多，越有助于今后的听课和学习。

三、大学生复习学习方法

学习任何知识都必须遵循序进统一的规律，用不断反复重复的方法才能最终掌握。在校学生的复习程序正体现了这一客观规律和学习方法。学生的复习一般分为三种，即课后复习、阶段复习和总复习。我们这里着重介绍课后复习和总复习的方法。

1. 课后复习

课后复习方法主要有：

(1) 及时复习法。根据遗忘规律，对知识接触的时间间隔越长，越容易遗忘。因此，学习者在课堂学习之后，一定要趁热打铁，尽量缩短与课堂学习间隔的时间，及时进行复习，减缓遗忘的速度。

(2) 回忆复习法。复习时，先不要翻教材对笔记，最好先在大脑中将课堂讲授的观点、内容回忆一两遍。看记住了哪些，理解了哪些，哪些忘记了或者是还不理解。然后看书和笔记本。这种复习方法不一定利用整块时间，可以利用饭后、睡觉前的零星时间闭目思考。

(3) 整理复习法。复习时可将预习笔记、课堂笔记和教材放在一起，对照、总结、整理、提高。一看预习中遇到的问题课堂上是否全解决了；

二看听课中遇到的问题目前是否清楚；三看本章节的要点是否真正掌握；四看是否还有新的问题。同时把笔记不全的地方再加以补充完善。对重点或难点问题可用特殊符号标注出来，以便于考前的总复习。

（4）自我检查复习法。课后教师留作业的目的实际上正是为了检查课堂学习的状况。作为学习者一方面要认真完成作业，另一方面还要学会自我检查学习效果。大学理工科学生每次课后基本都有作业，而文科学生作业就较少，因此学习者，特别是文科学生要通过多种形式检查对知识的理解和掌握情况。如自我提问题和自我解答问题，自己找一些有关的问题和习题做练习，同时同学之间相互提问题和相互解答问题等。

2. 总复习

总复习一般是在一个学期结束之前或者一门课程结束之后考试之前所进行的对一个学期所学的知识或一门课程的总的复习。这种复习可以概括为两大基本方法，即“梳辫子”“过筛子”的方法。

所谓“梳辫子”就是对已经学过的一个学期或一门课程的许多零散的知识点进行归纳、整理，从中理出头绪，找出知识点之间的内在联系，反过来进一步加强对原有知识的记忆、理解和应用的复习方法。这种复习可分为以下 4 个步骤：

第一步：把学过的知识点在头脑中再进行回顾。究竟学了哪些知识，这些知识在头脑中的印象深刻程度如何，头脑中是否有总体轮廓。

第二步：在回顾基础上，对这些知识进行归纳、整理。哪些是应掌握的基本的知识，哪些是派生出来的知识。并对这些知识点进行分类，用图表或树形方式表示出来。使人对所学过的知识从整体上有一目了然的感觉。

第三步：以前一步归纳的总纲为指导思想，再回过头来对所学过的每一个知识点进行具体深入的复习。对于每一个具体的知识点应掌握哪些要素请参照关于理解的具体方法等内容。

第四步：在系统复习基础上，再回过头来检查一下前面归纳的总纲是否完整和准确，可对其进行适当修改，再反过来指导具体知识点的复习。这样反复几次，就可达到对知识的理解的深刻和掌握的熟练程度。

所谓“过筛子”就是通过自答、讨论、做习题等形式自我检查对知识的记忆、理解和运用的程度，对相对比较熟悉的和理解深刻的知识采取过筛子的方法逐步淘汰，对相对不熟悉或理解不深刻的知识集中力量打歼灭战。经过几轮过筛子，就可达到全面复习的目的。这就是“过筛子”复习方法。这种复习方法不是与“梳辫子”法绝对对立的没有任何联系的方法，而是在前者基础上继续深入的方法，是对前一种方法的补充。“过筛子”复习法又可派生出以下几个更具体的方法：

(1) 做习题方法。在理科学习中复习时，有大量习题可做。做习题时不要做完就了事，无论会做还是不会做，做后都要认真思考一下，会做或不会做的原因是什么。如果会做，表明自己哪些知识点掌握了；如果不会做，表明自己哪些知识点没有掌握，是记忆问题还是理解问题等。由此筛选出是掌握还是没有掌握、掌握熟练还是不熟练的知识来。

(2) 自答方法。可以按照教材上每一章后面的复习思考题或教师布置的思考题合上教材和笔记本，口头或笔头自答。然后再对照书本、笔记或其他同学，由此检查出不同的知识来。

(3) 讨论方法。复习中可找两个或两个以上的同学共同复习，相互提问，相互讨论，相互争辩，由此发现自身对知识的理解和掌握程度。

(4) 自我提问方法。在复习每一知识点时，不要只是按照教材上或教师布置的思考题进行复习，自己要学会从不同的视角提出多种多样的问题，然后自己回答，以检查对知识的掌握程度。

(5) 综合检查方法。可以找出本课程曾经考试过的几份试卷，自己独立试答一下，全面综合地检查自己对知识的理解掌握程度，找出存在的问题，有针对性地进行复习。

复习是在校学生全面掌握知识的一个极其重要的程序、环节。在校学生包括大学生在复习中注意以下几个问题：

第一，一定要明确复习的目的是在原有知识学习基础上再提高的过程，要克服单纯为考试而复习的心理。考试作为教学中的一个环节只是教师检查学生学习的一个重要手段。现行教育体制下的考试方法多种多样，每种方法各有利弊。每种考试方法只能大致反映学生的学习状况，不能完全准确反映每一个学生对知识的实际掌握和运用能力。学生重视考试并由此督促自己复习是正确的，但不能把考试作为学习的唯一目的。如果只是为考试而复习，完全围绕考试的方法、题型特点而复习，虽然分数上去了，但对知识的理解掌握的程度并不一定扎实牢固，也会直接或间接影响下一阶段或其他学科的学习。

第二，一定要抓住众多知识点的总纲，以总纲为指导思想去复习每一个知识点。切忌一上来就一节一节、一个一个知识点的孤立复习的方法。因为前者可以从整体上把握知识之间的内在联系，而后者极容易把知识之间的内在联系割裂开来，用孤立、静止的方法对待每一个知识点，会导致对每一个知识点的记忆、理解和应用上的肤浅化和简单化。

第三，对基本的概念、原理一定要牢牢记住，但反对把复习归结为只是单纯的死记硬背。复习应包括记忆、理解和应用三个环节，而最重要的环节是理解。理解基础上的记忆才能更加牢固，理解基础上的知识才能更加自觉地应用。

第四，复习中一定要有计划、有步骤。心中有数，按照先后顺序一步一步地来。千万不要东一榔头西一棒子，或者眉毛胡子一把抓。复习中急于求成，企图一口吃个胖子的做法是绝对要不得的。

第五，复习中一定要有自主性，不要盲目跟着教师或同学跑。因为教师是根据学生的普遍存在的问题进行复习的，而每个学生有每个学生的具体情况。学生在参照老师的复习计划的同时，更要根据自己的实际情况进行复习。

第六，复习中要正确处理好教材、笔记、参考书、习题集、复习题库等材料之间的关系。要以教材为主，绝不可喧宾夺主，用笔记、参考书等其他辅助材料取代教材。

第五节 大学生实验课学习方法

大学实验课主要是理工科学生获取和探索知识提高基本技能的一个重要的教学程序和环节。实验课的成功与否，除了指导教师的主导因素之外，同时还取决于学生自身的态度和方法。大学生在实验课中应努力做到以下几点。

1. 做好实验前的各项准备工作

准备工作包括两项内容：一是思想准备工作。如复习与实验课有关的课堂讲授的书本理论知识，阅读有关教材和实验指导书，了解实验目的、要求、步骤、方法，有的实验课还要求写出实验方案。其内容包括：实验目的、基本原理、实验程序过程，所使用的有关设备、原料及其用量，注意事项等；二是物质准备工作。如按照实验方案中所提出的有关设备、原料及用量，实验前一定要准备充足，并进一步熟悉各种实验设备、仪器的性能和使用方法。具体实验前，再检查一遍实验用品是否齐全，放置是否得当。例如，常用读数仪表、开关，要放在便于就近读数和操作的位置。

2. 严格执行实验的各项具体的操作程序

具体实验过程可以分为两个步骤：一是“想象”实验。即正式开始实验之前，先在大脑中回忆一遍教师多次反复强调的实验课的基本的操作程序和注意事项，一些仪器、设备的使用方法，并按照实验方案中规定的实验目的、方法、手段、程序在思想中预演一遍实验的全过程，对可能出现的问题采取什么样的预防措施等；二是实际实验。即按照实验方案中确定的实验程序、步骤进行有序的、准确的、具体的实际操作。每一个具体程序开始前，还可以再想一遍设计好的步骤和注意事项，如果记忆不准确，再看一看实验方案，然后再具体操作这一程序。在记忆不准确的情况下，千万不能盲目或贸然进行下一步骤。实验中结果与预想不相符合或出现预料不到的问题，尽量自己先思考分析一下原因，不要急于求助他人。找到原因之后，可重新操作实验一次。若继续重复问题，可请教实验课的老师或周围的同学。

3. 具体观察实验过程中出现的各种现象

实验过程中实验对象总要发生这样或那样的许多变化和出现一些新现象。实验者一定要认真、仔细、耐心地观察这些现象及其变化。一是要用感官去观察这些现象，二是要借助于各种仪器设备观察其变化。然后对这些现象及其变化以及各种具体的数字详细地记录下来。对实验过程中出现的各种反复的或异常的现象也要记录下来。如同一具体程序重复实验几次，每次的不同结果，特别是出乎意料的结果。不能只记录与预测结果相近或等同的一两个现象或数值，或按主观意愿任意编造和涂改某些数值。应当以实事求是、一丝不苟的科学态度对待这些结果。

4. 对实验过程及其结果进行分析总结

实验结束之后，要对实验过程及其结果进行认真的分析、讨论和总结。一是把实验过程中所测量的各种数值进行整理、计算，根据教学的要求制成图表或曲线；二是与理论进行比较，各种出现的现象结合所学的书本理论知识给予科学的说明和解释，或者根据实验事实对传统的理论观点提出质疑，并提出自己对这一问题的新的见解和认识；三是将实验过程、结果、对实验结果的分析、认识、推理过程等按照教学要求写成实验报告。

第六节　大学生实习中的学习方法

实习是指学生在教师或技术人员的带领下，到工厂、工地等其他场所从事一定的实际观察或实际工作，以获得与书本知识相联系的大量有关的实际知识和实际能力，并学会运用理论知识分析和解决实际问题，培养独立的工作能力。

实习包括认识实习、课程实习、生产实习和毕业实习等多种形式。

认识实习主要是离开学校到生产第一线、展览馆、博物馆、纪念馆、一些历史文化遗迹和现实生活中的主要事件事发地等进行参观访问。这种实习形式能够给予学生以课堂上所没有更多的感性事实材料，有助于学生加深理解书本理论知识，并激发学生对该门课程的热情和兴趣。

课程实习主要是一些实践性较强并兼有技能培养的课程，一般安排在校内课堂上进行的实习活动。如计算机课要安排上机实习、生理解剖课要安排生理解剖实习等。这种实习主要是将书本上讲到的关于技能性的知识较迅速地转化为学生的实际操作能力。一般来说，这种实际实习课程次数越多，越有利于学生实际技能的形成和提高。但学校受仪器、设备等物质条件的限制，其课程时数总是相对固定的。因此大学生一定要珍惜每一次的课程实习。实习前做好准备工作，实习中严格按照操作要领，认真操作每一具体程序和步骤，提高每一次课程实习的实际的实习效果。

大学生实习的最主要形式是生产实习或毕业实习。这种实习主要是根据专业知识特点深入与该专业直接有关系的实际场所参加一定的实际工作。如理工科学生要到工厂去实习，医学院校学生要到医院去实习，财会专业学生要到金融系统或各单位的财会部门去实习，师范院校学生要到中小学校去实习。这种实习的主要特点是：一是时间相对较长，一般至少有一个月时间，有的可多达半年、一年；二是综合性强，不仅要使学生获取大量感性知识，加深理解书本理论知识，同时还要锻炼和培养学生运用所学知识分析问题和解决问题的实际能力。此外还有对学生进行世界观、人生观、价值观的教育，转变学生的思想。本书这里着重介绍这种实习的主要方式方法。

1. 做好实习前的各项准备工作

实习前的准备工作非常重要。准备工作的好坏程度直接影响着实习过程和结果。准备工作包括 3 点：一是思想准备。实习要到一个新的不熟悉的环境中，有可能遇到这样或那样的意料不到的许多问题和困难，因此要有吃苦的思想准备；二是知识准备。实习前，要把已经学过的各种基础和专业知识再复习一遍，特别是自己相对不熟悉的但实习过程中可能遇到和需要的知识要多下一些功夫。因为实习过程中各种事务性工作或琐事较多，没有较多的大块时间再翻书本知识；三是物质准备。如新的工作生活环境中所需的个人必备的工具、生活用品等。

2. 严格遵守实习单位的各项规章制度

来到实习单位后，首先要尽快熟悉实习单位的一些基本情况，熟悉自己经常接触到的有关人员，特别是熟悉实习单位的各项规章制度。因为规章制度是任何一个生产单位正常运行的一个最基本的条件。该单位的任何人员都必须严格遵守规章制度。大学生来到实习单位，以一个普通工作人员的面目出现，也必须严格遵守这个单位的规章制度，绝对不能以不熟悉为由，我行我素。

3. 摆正位置，虚心向实习单位的工作人员学习

在实习过程中，实习学生可能会看到许多学校中没有看到的社会生活中的一些落后的因素和阴暗面，可能会看到所接触的某些工作人员的缺点和不足，因此极容易产生瞧不起他人或放不下学生架子的心理倾向，这种倾向是极其有害的。实习学生应该学会用辩证唯物主义的观点，全面地认识社会生活，学会认识社会生活的本质，认识群众的本质、主流，认识实际工作人员的丰富的社会实践经验，善于发现他们身上的一切闪光的思想和品质，善于发现他们身上的一切长处和优点，真正放下学生架子，拜工人为师，拜农民为师，拜一切实际工作者为师，虚心向他们请教，心甘情愿地做他们的小学生。这既是完成实习任务的一个非常重要的基本条件，同时其本身就是实习工作的极其重要的任务之一。当然，虚心向实际工作人员学习并不是说盲从实际工作人员的一切认识和行为。对于所看到和接触到的一些错误的不健康的思想和行为也应该有一定的辨别能力，自觉抵制这些思想和行为对自己的影响，并在力所能及的情况下同错误思想和行为做必要的斗争。

4. 坚持理论联系实际的实习总原则

实习学生在实习单位总要承担一定的具体的工作任务。作为实习者来说，一定要认真完成这些工作任务。但实习者不只是为完成任务而完成任务，更重要的是把在学校所学的书本理论知识应用到实际工作中来，同时观察和收集学校里和书本上接触不到的实际生活中的各种感性事实材料。因此要求实习者一定要坚持理论联系实际的实习总原则，把书本知识与实际知识很好地结合起来。一方面用感性事实材料验证书本知识，另一方面用书本知识指导实际工作，培养自己的实际工作能力。同时还要善于发现书本理论知识的缺陷、不足甚至是错误的内容。为了便于实习后的总结工作，实习者最好在实习过程中做实习笔记或日记。

5. 认真做好实习后的总结工作

实习结束之后要做好实习总结工作。实习总结的过程，实际上是在实

践中把获得的大量感性认识上升到理性认识的过程，是再认识、再提高、再学习的过程，实习者一定要认真对待。实习总结主要做3方面的工作：一是总结专业知识和专业能力方面的收获、体会和存在问题。自己究竟在哪些专业知识方面体会和认识较为深刻，哪些能力方面有所提高和增强，实习中暴露出自身的知识结构和掌握程度方面究竟存在什么问题，原因是什么等；二是思想方面的收获、体会和存在问题。实习的过程也是一个不断加强世界观改造和提高思想觉悟的过程。实习总结中也要结合这个方面的内容，谈谈自己对社会生活的认识，自身世界观和思想觉悟方面暴露出来的问题及其原因，人生价值观和社会责任感方面有什么变化和提高等；三是自己今后的努力方向和教育改革的建议。从实习中所反映出来的自身存在的各种问题制定自己在以后的学习生活中努力的方向和应采取的措施、方法等。同时，实习中学生身上反映出来的问题在一定意义上也反映了学校教育和教学方面存在的问题，因此实习者在分析自身的问题及原因时，也要从大学的教育制度、教学内容、教学方式、课程设置等方面寻找根源，揭露和批判这方面存在的问题，并对学校今后的教育改革提出这样或那样的建议。这样一方面可以促进学校的教育改革，另一方面也体现了现在大学生对我国教育发展的社会历史责任感。

第七节　大学生科研活动中的学习方法

一、大学生科研能力培养的诉求所在

大学生的科研创新能力主要表现为信息加工、独立分析判断与决策、实践以及撰写科研成果等方面的能力。大学生科研创新能力是创新素质的直接体现，也是国家、高等学校以及个体发展3方面的需要与诉求。

（1）提高大学生科研创新能力是国家经济发展与创新型社会建设的必然需要。随着知识经济时代的到来，科学技术创新的竞争成为了人才竞争的核心要素。创新是民族进步与国家发展的动力之源，这就需要具有较高科学素养的人才作为支撑，而大学生是我国创新型人才的主要资源。

（2）大学生科研创新能力的培养也有利于促进高等学校科学研究的发展。高等学校要真正成为“知识创新和高层次创造性人才培养的基地”，必须把培养和提高学生的科研能力放在重要的位置上，在强化教学的基础上加大科研投入的力度，充分体现大学教学的“科研性”。通过吸收大学生进行科研工作，从事科研活动也是高等学校科学研究的需要。大学生群体具有思维敏捷、精力充沛、冒险精神、理念超前等特征，再加上大学生群体中所具有的年轻人的质疑与批判精神，在具体的科学研究中，大学生群体容易打破研究过程中传统观念与思维的束缚，在经验丰富的教师细心指导下实现科学研究的创新与突破，实现研究团队科学研究的新拓展与新思路的开发。这种思维品质的发挥与发展也有利于大学生就业工作的开展，在群体创新能力提高的基础上实现大学生就业的突破。随着高等教育改革的深化，高等学校的发展面临着更多的竞争与挑战，所以高校核心竞争力的提升将会是其发展所面临的重要课题。在高等学校的核心竞争力中大学生的培养质量与规格是其重要的组成部分，所以高等学校应不断创新人才培养模式，培养具有敢于创新，敏于发现的高素质人才，在大学生科研活动中实现人才的综合能力培养。大学生科研创新能力培养是高等学校自身发展的需要与重要渠道。

（3）提升大学生科研创新能力是大学生创新能力与综合素质提高的重要途径。科学研究活动是一个具有开创性的探索活动，大学生的科研活动要发现新问题，必须要有新的视角；解决新问题，必须要有新的方法。大学生的科研成果的理论价值或应用价值就体现在新思想、新结论或新产品上。大学生的科研意识本质上就是一种创新意识，大学生科研探索的精神本质上就是一种创新精神，大学生的科研创新能力本质上就是一种创新能力。大学生要成为全面发展的高级专门人才，除了要学好扎实的专业知识，还需要培养良好的道德品质与健全的人格。良好的道德品质与健全的人格需要具有积极的人生态度、优秀的心理品质以及和谐的人际关系和顽强的毅力等。大学生参与科研过程中，从大量的社会实践中获取所需要的信息和资源，在课题的多人合作、部门协调、教师指导以及与社会单位的联系等过程中都会有效地推进学生个体社会化的过程，对健康人格的培养产生积极意义。在这个过程中也有利于大学生构建合理的知识结构，使得大学生在以专业知识为主干的前提下综合运用多学科知识进行知识整合。另外也有效地促进了理论与实践的有机结合，使学生在理论知识分析的基础上通过实践来进行调研与论证，从而使理论与实践相辅相成，培养认真务实、实事求是的科学研究态度。所以，大学生积极参加科研活动有力地促进了综合素质的全面提高。

二、大学生科研过程中存在的问题

培养具有创新思维、创新意识与能力的高素质人才是高校的核心任务之一，而大学生科研创新能力的培养对大学生知识领域的拓宽、创新潜能与思维的挖掘具有重要作用。从高等学校的职能角度来看，科研是其重要构成，其具有多层次性的特点，但是现今很多大学在科研发展过程中往往更倾向于教师与研究生层次的科研，而忽略了对于大学生科研能力的培养。目前我国的高等教育在对学生科研能力培养方面的缺陷直接导致了学生思考问题、解决问题的能力不足，继而引发就业、创业能力不强，适应社会能力差，进而导致社会上创新型、实用型、复合型人才十分紧缺。我国高等学校学生科研创新能力乏力的主要问题表征如下：

(1) 学生科研兴趣缺乏，对科研认识存在误区。当前，大学生对科研创新活动以及各类竞赛的关注度和参与度较低，学生对科研工作认识不足，大部分学生仍然将科研活动与竞赛视为遥不可及之物，认为只有学术水平较高的教师和具有一定学术积淀的研究生适合从事科研工作，对自身的专业知识与能力缺乏信心。同时，由于对科研的意义缺少了解，很多同学认为只有以学术研究为职业目标的同学才有参与科研的必要，而那些以到企业就职为职业目标的同学则明显缺乏参与科研的动力。正是这种对科研认识的“不知”造成了大学生在科研活动中参与的“不为”。

(2) 教师自身职责定位存在偏差，教学模式线性单一，授课教师将自身职责限定为传授专业知识，而非提高学生科研素养。这种将科研活动与教学活动割裂开来的教学理念，直接导致其在教学过程中缺少对学生科研知识的辅导和相关科研能力培养的投入，造成学生只能一味被动接受相关知识，而没有应用所学知识解决实际问题的能力，进而导致大学生主动创新和探索精神的缺失。一些教师认为文化课知识的学习是学生的全部任务，在学生的专业知识结构不完善的前提下无法进行科学研究，对科学研究进行了人为限制，在课堂教学中模式单一，忽视了对学生的科研创新能力进行培养。并且在专业发展中尤其是职称评定过程中重视教师的科研成果，并不考虑教师对学生的科研贡献，这也使得其在很大程度上影响了教师指导和参与学生科研的积极性。另外由于一些高等学校教师的自身科研水平所限，难以对学生进行科学的科研指导。

（3）科研人才培养制度缺乏，科研平台搭建不足。大学生进行科研创新活动需要相关部门为其提供必要的资金、人员、设备等保障，而且还需要一套与之相适应的配套管理制度。现今虽然国家教育经费呈快速增长趋势，但是经费投入方式和投放渠道多元化不足，教育经费管理体制不健全。现阶段我国高等学校有专门面向教授的科研经费，但尚未设立供学生科研创新的培养经费，学生科研活动没有专门的资金保障。相关数据显示，除教育部直属重点大学对在校大学生科研能力培养方面投入水平较高外，其他院校在对学生科研能力培养中投入的经费明显不足，甚至没有。目前很多高等学校在学生科研方面缺乏制度保障，学生科研工作随意性很大。在学生科研创新能力培养中缺乏专门的管理机构与详细培养的计划，对学生是否做科研、如何做科研、科研进行的程度以及结果明显关注不够。在学科培养过程中缺乏应有的科研平台，学生缺乏实践机会，对所学专业领域的认识停留在理论层面，很难有形象的认知和深刻的反思。在参与科研活动中，只是对已有的科研成果进行变相模仿，缺乏实验数据和实地调研资料作为科学支撑，科研成果创新性明显不足。

三、大学生科研能力培养的方法

1. 从一年级起就要树立科研意识

大学生从事科研活动，不能等到开始写学年论文或毕业论文时，才有进行科学研究的意识和愿望，而是应该从大学一入学就要明确大学的学习生活，不仅仅是纯粹地继承前人和他人的学习活动，在学习活动中也已经不同程度地包含有“科研”的内容和性质。因此从一年级就要树立科研意识，并把这种意识贯穿于学习活动的全过程中，科研意识的内容包括以下

4点：

（1）问题意识。科学研究总是从人们实践活动和理论发展中的问题开始的。能否发现问题，是科学研究中首要的第一个基本条件。但问题并不是自动跑到研究者头脑中来的，而是需要研究者主动去发现和揭示出来。而能否发现和揭示问题本身就是一种能力。这种能力也是一种内化为自身素质的方法即质疑方法。大学生应该树立问题意识和培养质疑方法。

（2）观察意识。科学研究绝不是纯粹的逻辑推理。无论是问题的提出，还是问题的解释、论证和解决，都离不开生活和客观现实。因此，没有对自然、社会和生活的观察能力是不可能有科学研究能力的。大学生在学校期间，不能只是学习书本知识，而是应该学会观察生活，更应该关注社会现实。不仅要学会观察自己不熟悉的、不常见的各种现象，更要学会观察天天发生在周围的自己非常熟悉的各种现象。许多有作为的科学家、思想家就是从大家都非常熟悉的自然或社会现象中发现的大道理，如牛顿、马克思等。大学生要从一年级开始，就要树立观察意识和培养观察能力。

（3）写作意识。任何科研成果都要通过论文、专著，或者调查报告、实验报告等形式体现出来。在这些形式中，绝不是认识结论简单地罗列出来，而是将自己的研究和思维过程按照一定的逻辑联系通过语言、文字、图表等符号表述和阐发出来的。这就需要研究者必须具备思维能力（包括形式逻辑思维、辩证逻辑思维，理工科学生还需要数理逻辑思维）、语言表达和写作能力等。写作意识和写作能力不单纯是文字表达能力，其中也包含思维能力。作为科研成果的写作能力要比中小学的一般作文的要求高得多。因此，大学生就应该在日常的学习活动中，多读一些他人的学术论文、学术专著、调查报告、实验报告等，不仅是学习和了解其中的学术内容，同时也要熟悉和了解其论文、报告等的写作框架、整体结构、阐述思路方法等。此外，还可经常写些短小论文，以此锻炼自己的思维能力、文字表达能力等。

（4）创新意识。科学研究同狭义意义上的学习不同，它不是强调继承、重复，而是强调发展、创新。大学生进行科研活动，最终也是要创新。创新就有创新的一般规律和方法，就要处理与继承、重复之间的关系。但学生要进行科学研究，就必须树立创新意识，就必须熟悉和掌握创新的一般规律、方法和技能，就必须正确处理与重复、继承之间的关系。因此大学生在平常的学习过程中怎样学习和掌握创新的规律、方法、技能，不仅是学校领导者和广大教师经常思考的问题，更应当是每一个大学生自身也要经常思考的问题。这对于今后进行科研活动是会有极大的帮助和意义的。

2. 明确科学研究的选题原则

进行科学研究就必须要有科学研究的题目。题目选择是否得当，是关系到能否最终取得实际成果的一个非常重要的因素。历史和现实生活中不乏一些有志之士因选题不当，耗费了自己相当多的时间甚至自己的一生而无所作为。因此就存在一个科研题目的选题原则和指导思想问题。大学生进行科研活动应该明确这样几个科研选题的基本原则：

（1）创新性原则。科学研究活动的本质或根本特点在于创新。没有创新，科研活动就失去了意义。创新表现在多个方面，如观点的创新、思路的创新、论证方法的创新、资料的创新、技术的创新、工艺手段方法的创新、材料设备的创新、产品的创新等。只要在整个科研活动及成果中，在某一方面哪怕是极微小地方有区别于前人或他人的创新，就能称得上是在进行科学研究活动。因此，科研活动者必须考虑自己选择的研究题目是否有可能在观点、思路、资料、方法、技术、手段等某一方面有所区别于前人或他人，能否把人们的认识、方法、技术等方面在原有基础上有所提高和发展。没有这种可能性，就根本不选择；有这种可能性，就可以选择。

（2）价值性原则。人类进行任何活动都应该有价值性，科研活动也是这样。也就是说，人们所研究的科研题目、项目必须有一定的理论意义和现实意义，能够对现有的理论的发展和人们的实践活动的深入有积极的促进作用和指导意义。正如我国著名的冶金物理学家李熏谈到科研选题问题时说过："不要当'波斯猫'，供人玩赏不捉耗子。我们要给国家'捉耗子'。"当然，科研题目的"有用性""价值性"不能理解得过于狭窄，不能仅仅从眼前的、局部的、直接的、实用的意义上来理解。有些题目从眼前或实用价值上似乎意义不大，但从长远的、全局的、理论上、观念上等角度衡量，也具有较大和深远的意义、价值。这些题目也可以成为所选择的科研题目。

（3）可行性原则。辩证唯物主义认为，任何事物的存在和发展必须具备一定的条件，科研活动也要具备一定的条件。如果说前两个选题原则是一种科研活动即将进行的可能性的话，那么要把这种可能性转变为现实性，就必须具备这种转化的基本条件及可行性问题。这种可行性条件一是指主观条件。即指研究者的知识结构、研究能力、科研品格、兴趣爱好，特别是对所研究项目的有关方面的熟悉程度，如国内外对该题目究竟研究到什么程度，哪些问题搞清楚了，哪些问题还没有搞清楚，应该从何处入手等，以及自身对该项目的研究基础等；二是指客观条件。即指文献资料、资金设备、研究手段、学术氛围、导师条件等。如果没有这些基本条件，即使研究题目的创新性的可能性再大，价值性再高，可能性变不成现实性，科研活动也就失去了其作用和意义。因此，条件性也应当成为科研选题的又一个重要的基本原则。如果不具备这些基本条件，就不能主观随意地进行选择。大学生一定要结合自己的专业特点、实际能力、相对熟悉的内容、兴趣爱好和客观条件等慎重地选择题目，不可好高骛远，不切实际地选择难度、深度极大的题目。当然，对于条件不能形而上学地理解。有些条件，通过一定的努力，是可以改变的。选题时，也应该有所估计。

以上 3 条原则应当综合考虑，只考虑其中一条或两条而离开另外一条是不正确的。

3. 贯彻本科生导师制

切实落实本科生导师负责制，实现教学与科研的互动。本科生导师制是近年来在高等学校本科生教育中正在积极探索实施的一种新的学生教、学、管的体制创新，对大学生科研创新能力提升具有重要的推动作用。大学生进行科研是一个非常严肃的课题，它不可能自发地在短期内获得成功，需要有一个严格训练的周期或者过程。在这个周期或者过程中，大学生不仅需要自发地行动，还需要教师进行指导。教师指导大学生进行科研，应该建立一种有效的机制作为保证，这种有效机制就是导师制。实行导师制才有可能将科研伸延到大学生。学生在进入大学之前，对科研的认识是模糊的，为了帮助大学生对科研形成清晰的了解和正确的认识，高等学校应加强完善本科生导师制，每个班级最少配备一名具有较强科研能力的老师，主要负责学生科研活动指导和整体安排，促进科研与教学互动。导师负责在新生开学初期就进行科研教育，引导同学了解科研能力对于大学生综合素质提升的重要意义，并定期对学生进行信息检索和数据分析等方面的技术指导，帮助学生了解科研过程，掌握科研方法，进而培养其科研创新能力。同时，根据导师制的效果，在奠定一定的科研能力基础后，可以考虑在学生中择优选拔一批科研兴趣浓厚、科研能力较强的同学，以学术型研究生式的教育模式进行重点培养。

4. 把大学生科研工作纳入教学计划，让科研充分融入课程内容

作为高等学校开展教学工作的行动指南与指导思想，教学计划应该充分重视大学生的科研教育工作。为了实现教学过程中大学生科研能力的培养，应该进行科学研究知识课程或者研讨班课程的开设，从而使大学生在掌握科研理论知识的基础上引导他们从事初级的科研尝试，通过研究探讨的形式引导大学生对所研究问题的探讨与学习。科研创新能力的培养是一个循序渐进的过程，在这个过程中除了将大学生科研教育工作纳入教学计划之外还需要在课程的设置以及内容选择上进行有步骤、分层次的开展。一般低年级（大学一、二年级）学生主要通过研究性课程的学习，初步掌握信息的收集、资料的简单分析、论文摘要的撰写等科研步骤和方法。高年级（大学三、四年级）学生可以参与由导师指导的科研项目或导师本人的课题，在导师的指导下完成项目设计、数据处理、结果分析等环节，最后形成书面报告或论文，使他们在科研实践中形成初步的科研能力。另外，可以以毕业课题为依托，在毕业论文撰写阶段，通过将毕业论文与教师科研课题相结合的方式，对学生进行科研能力集中强化训练。

5. 积极组织学生科研团队与开展科研竞赛

目前，我国高等学校教育主要以课堂上的理论教学为主，第二课堂活

动多是些文体活动，离开课堂后，学生学习的自觉性就会降低。组建科研团队可以有效强化专业理论学习，学生互帮互助，集中研讨，既可以增强学生自主学习的能力，也可以增强学生思考问题的能力。鼓励学生参与科研竞赛，可以锻炼学生团队协作能力，同时帮助学生在竞赛中拓展知识面，开阔视野，发现不足，为进一步培养科研能力打下基础。以东北财经大学为例，学校为激发学生科研兴趣和合作探究意识，鼓励组建学研小组。各学院以专业知识为基础，以个人兴趣为导向，以合作研讨为核心内容，纷纷以“导师＋学生”形式组建针对不同学科、不同领域的学研小组。在学习过程中，师生“以学为先，以研为荣”，形成“组内合作，组间竞争”的活动氛围，提高了老师指导与学生参与的积极性。科研小组活动的开展，促进了学校的学风建设，营造了学生参与科研的良好氛围，能够为学生科研能力的培养提供良好的支持。

6. 完善科研平台建设，为学生科研能力发挥助力

科研平台是指科学研究及科研活动中各种支撑条件的配置，包括场地、仪器设备、图书馆资料以及人员配备、经费、政策制度等有形或无形的资源，对于科研活动能否高效有序地进行具有重要影响。目前，我国高等学校在科研基地与科研平台建设上，存在不同程度的硬件设施不齐全且更新较慢、经费不足、技术管理人员缺乏、对外交流少、总体水平较低等问题。要促进学生科研能力培养，就要完善科研平台建设，而要完善平台建设，首要任务是落实学生科研资金安排。其一，政府相关部门要加大科研投入力度，并对科研经费进行科学、合理分配，而高校要在争取上级科研经费拨款的基础上，从学校每年的教育经费中支出更高比例的数额进行科研平台建设和完善；其二，经费使用途径要由专业人员专门管理，经费使用要制订完整的计划，并上报相关部门审批。高等学校要支持学生参与科学研究，就要正视平台建设上存在的问题，并组建团队克服困难，完善与完备科研基地与平台建设，保证学生科研活动可以安全顺利进行。

7. 升级科研激励机制，激发学生科研参与热情

兴趣是学生进行科研活动的前提，对科研活动提高兴趣，可以让大学

生自主迈出科研的第一步，是科研活动得以高效进行的基础。因此，培养大学生科研能力的前提是让大学生对科研与创新工作产生浓厚的兴趣。在大多数学生的眼中科研是枯燥的同时也是高深的，本科学生缺少科研兴趣，同时对于参与科研活动缺乏信心。高等学校应建立和完善科研激励机制，例如，将大学生科研成果汇编成论文集，同时将科研成果转换成学分；如果科研成果达到省级标准可以申请免修一些相关课程，并获取免试读研资格；通过设立大学生科技创新基金，鼓励科技型勤工俭学。总之，通过制定并执行学生科研成果等级评定制度等激励手段，对学生进行有效的激励，帮助学生正确认识科研过程，激发学生科研兴趣，使学生积极主动地参与到科研活动中去。

8. 打造科研实践基地，提升科研创新能力

要通过大学生的科研活动使科研成果指导实践发展，同时使实践催生新的科研成果诞生，实现科研与实践相辅相成，互相促进。学生一直在校园学习文化知识，虽然理论基础坚实，但是缺乏接触实际工作的机会，没有实践经验作为基础，科学研究很难有突破性成果。所以高等学校可以通过创立联合培养基地，以及开设创新实践强化班等方式实现科研实践基地建设，为学生创造实践机会，进而为提升学生科研能力打下基础。联合培养基地可以为学生提供大量接触实际工作的机会，积极推进大学生进入工作状态；定期派送一定数量科研能力较为突出的学生到科研院所从事研发工作，也会为科研院所注入新鲜的血液，有助于组织内部更新。创新实践强化班以创新教育新模式的实施为载体，招生面向各院系中学有余力、具备一定科研能力和潜力的学生，建立一支高中低年级学生混合培养的梯度团队。通过各种公司决策模拟、沙盘模拟等实践训练，培养学生发现问题、分析问题、综合应用所学知识独立解决实际问题的能力，从而带动科研创新能力的提升。随着社会的发展，对高水平人才的需求将会日趋强烈。高等学校是培养高水平人才的基地，教学和科研是高等学校培养人才的重要手段，在教学方法与教学管理日益完善的今天，对大学生科研能力的培养需要得到更多关注。大学生科研兴趣的激发以及科研能力的培养是一项系统工程，不是短期内可以独立完成的工作，需要政府相关部门提供

政策鼓励和资金支持，需要学校完善激励机制和科研平台建设，要求教师肩负起培养学生科研能力的职责，同时也需要学生提升参与科研活动的自觉意识。只有“产学研并举，课内外结合”，才能使大学生科研能力得到提高，进而提升核心竞争力。

四、科研过程中应注意的几个问题

（1）要注意广泛收集资料，不要在占有极少量资料情况下，就匆匆忙忙下结论。任何一个理论上的新观点、新见解、新认识都必须根植于所收集和观察到的大量的事实现象材料的基础上。这种材料越丰富、越广泛，越有助于研究者进行理论上的概括描述，越有可能概括或抽象出新的认识和见解。在一些有深刻的创新见解和观点的论文或专著中并不是将所有收集到的材料都反映在文字上，但每一个新见解的背后都有大量的事实材料做后盾。研究者千万不要以为那些有创新的论文只有内容中阐发出来的几条材料，因为仅仅依靠少量资料就过早下结论并企图有所创新是不可能的。研究者一定要在力所能及的情况下，尽最大努力，收集到尽可能多的事实材料。

（2）要注意反复多次实验，不要依靠一两次实验结果就过早下结论。有些科研过程需要经过实验，如一些理科、工科的科学研究活动，文科一些带有方针、政策性的研究，关于需要经过自然科学手段进行科学鉴定的研究等。由于种种主客观原因，一两次实验的结果并不一定都是真实的、正确的结果，有些情况或结果可能只是偶然现象。如果只是依靠一两次或少数几次实验过程或结果，就匆忙做结论，也往往会导致得出的结论是肤浅的，甚至是片面的、错误的。要反复多做几次实验，对实验中出现的不同情况和数值做具体分析，对实验中的最终结果做出科学的说明、解释。

（3）要有耐心和毅力，不要浮躁和急于求成。科学研究不是一件非常轻松和愉快的事情，研究创新过程中会遇到许多困难和阻力，正如马克思所说的那样，“科学大道上没有平坦之路可走”。即使是一篇短的论文也要付出辛苦和代价。因此就要求研究者在研究过程中一定要有耐心，有持之以恒的精神、坚韧不拔的毅力和勤奋的工作态度。在实验中要耐心观察；在写作中要深入思考、反复修改；在遇到困难时要千方百计地予以克服；在不利环境或外界干扰时，要保持心态的平衡，自觉抵制这些影响和干扰，并力求使之转化为激励自己奋发前进的有利条件和内在动力。古今中外许多创新性的、优秀的成果往往是在处于逆境的情况下做出的。舒舒服服、心浮气躁地搞科研，遇到一点困难就打退堂鼓或总是急于求成，企图“一口吃个胖子”是绝对不会出有水平的高质量的研究成果的。

（4）要实事求是，不要弄虚作假。毛泽东说过：“科学是老老实实的学问，任何一点调皮都是不行的。”科学研究是“科学”的研究，因此也就必须老老实实、实事求是地研究。“诚实”是一个科学工作者科学研究的最基本的素质和品格。它要求研究的事实材料是真实的、可靠的，而不是虚假的、主观猜测或臆造的；它要求研究的过程是实实在在的，而不是马马虎虎、做表面文章形式主义的；它要求研究成果中一切有创新性的地方都是研究者独立做出来的，而不是弄虚作假、东拼西凑、七抄八抄来的。科学研究中不反对借鉴前人或他人的成果，而且认为必要的借鉴是创新的基本条件之一，但绝对反对借借鉴之名，行抄袭剽窃之实。

（5）要虚心接受指导教师的指导和帮助，既不要自以为是，也不要一切盲从。大学生开展科研活动，一般都配备指导教师。指导教师从科研选题、研究过程、写作修改，一直到最后定稿基本上都是以指导者和参谋者的身份参与到大学生的研究活动中来的。指导教师一般都比较熟悉本学科领域内学术研究的基本状况和动态，都有较丰富的科研工作的经验，同时他们中的有些人还是国内外知名的学术造诣非常深厚的学者、专家。因此，大学生一定要虚下心来，诚恳地向指导教师请教，在选题、实验、列大纲、研究和写作过程等各个环节都要认真听取指导教师的意见，认真修改，绝不能自以为是，听不得指导教师的任何批评。当然，接受指导教师的批评指导，并不是说一切都盲从教师的意见。这里有两种情况：一是教师的意见确实是正确的，但被指导的学生一时还没有完全转过弯来。这种情况下，不要急于修改，而是要反复思考、琢磨教师的意见。如果还想不通，再与指导教师交换意见，把自己想不通的“抠”出来，直到真正弄明白弄懂之后再去修改。二是教师的意见也有不正确的地方。这种情况下，也要和教师反复商讨，如果学生的观点是正确的，相信指导教师也能够虚心接受学生的意见，甚至鼓励和赞扬学生的独立见解和敢闯精神。如果认识上确实想不通，但害怕教师在成绩上给自己打折扣，就简单机械地盲从教师意见，这种思想和行为是要不得的。

（6）要重科研过程，不要过于重结果。前面我们已经指出，大学生的科研活动既有一般科研工作者的共同目的，也有自身的特殊目的。这个特殊的重要目的就是学习，就是学习怎样进行科研活动，学习怎样把所学到的书本理论知识运用到现实生活中来，学习怎样不断地将知识转化为自身的素质、能力，为毕业以后真正从事科学研究活动奠定一个坚实的基础。大学生进行科研活动，看重自己的研究结果和成绩并不错误，但由于每个人的基础、知识结构、能力以及受所选题目的限制等原因，其最终的水平和成绩必然有所差异。如果把这种结果看得过重，而不对研究过程中的得失和差距做认真分析，找出自身课程学习中存在的问题，明确今后努力的方向，那么这次科研活动也就失去了真正的意义。即使成绩不错，也不能说明自身已经具有较高的科研能力，也不能说明平常的课程学习已经达到非常优秀的程度。成绩不错的学生也应该从科研的整个过程中揭示出自己存在的种种问题，用更高的标准严格要求自己。所以无论是成绩较好还是不好的同学都要认真总结科研的全过程，看自己究竟在哪个环节或问题上有所得，在哪个环节或问题上有所失，原因是什么，怎样在今后的学习和科研活动中发扬自己的长处，不断改正自己的不足。这样才能真正提高自己的科研能力和水平，也才能真正达到在校期间科研活动的目的。

思考题

1. 我们应该如何复习？
2. 如何进行科研？

拓展阅读

一天师父将徒弟们叫到跟前说："你们今儿可以下山去了，后院的苹果差不多熟了，走之前摘些你们路上带着。"于是师父领着徒弟们去摘苹果，师父为了尽最后的师徒之情，就亲自将摘到的苹果放在地上让徒弟们去捡，聪明的徒弟挑又红又大的捡，有个性的徒弟挑自己喜欢的捡，勤奋的徒弟不会挑但会拼命地捡。结束后徒弟们手上提满了苹果，而唯独有个徒弟手上什么也没有，师父问他："你怎么没捡到呢?"他答："我一直在看您摘苹果！我已经学会了怎么摘!"师父满意地笑着对他说："你可以出师了!"

参考文献

[1] 燕国材．非智力因素与学习［M］．上海：上海教育出版社，2006.

[2] 从立新．非智力因素对学生学业成就的普遍影响［J］．教育研究，1985（4）．

[3] 王晓柳．智力因素、非智力因素对不同成绩学生学习的影响及其机制［J］．华东师范大学学报（教育科学版），1988（2）．

[4] 桑新民．步入信息时代的学习理论与实践［M］．北京：中国广播电视大学出版社，2000.

[5] 刘善循．快乐学习——增强情感智力的技巧［M］．北京：商务印书馆，2002.

[6] 王东华．超薄学习——关于学习的93条建议［M］．北京：中国妇女出版社，2002.

[7] 沈德立，阴国恩．非智力因素与人才培养［M］．北京：教育科学出版社，1996.

[8] 燕国材．心理学家告诉你：如何成为学习的赢家［M］．上海：上海人民出版社，2001.

[9] 何威，徐晨亮．清华名流［M］．武汉：长江文艺出版社，2002.

[10] 罗伯特·海勒．比尔·盖茨［M］．北京：中国社会科学出版社，2002.

[11] 教育部高等教育司．学会学习［M］．北京：教育科学出版社，1999.

[12] 郝贵生．大学生学习理论与方法［M］．北京：人民出版社，2010.

[13] 王言根．学会学习——大学生学习引论［M］．北京：教育科学出版社，2008.

[14] 张华．论核心素养的内涵［J］．全球教育展望，2016（4）．

[15] 刘玉娇．学习的意义是什么［J］．科教导刊，2012（3）．

[16] 张冰融，宋雪．大学生科研创新能力培养的探索与实践［J］．现代教育管理，2014（6）．

后　记

几个月的时间过去了，手中的稿子也将完成，但是，我自己对这本书有些不太“满意”。一方面，这本书是编著而成，参考了其他作者的研究成果；另一方面，自己对大学生学习方法的理解还有待进一步加强。

当然，在本书的写作过程中，笔者加入了很多新的知识和内容，特别是对当下比较热门的话题“核心素养”的探讨。当前基础教育课程改革过程中，许多“大家”都在谈到核心素养，如北京师范大学的顾明远、华东师范大学的钟启泉、首都师范大学的石鸥、杭州师范大学的张华、福建师范大学的余文森等都在为课程改革从三维目标到核心素养而奔走呼号。那么，大学学习需不需要考虑这些问题呢？我想大学学习也许有必要去思考何为核心素养，如何去加强核心素养的构建，以核心素养的旗帜来促进课程改革和促进大学生核心能力的培养，从而推进大学教育质量的提升。

另外，本书还增加了“思考题”和“拓展阅读”版块，弥补以往大学生学习方法与指导方面的书籍中的遗憾，从而为大学素质拓展课程的发展贡献自己的绵薄之力。

此书的写作得到了贵州师范学院副校长郭文教授、教育科学学院院长刘红教授、发展中心主任唐志明教授以及教育科学研究所所长王又新老师等领导和老师们的帮助，在此一一谢过。

同时，还要感谢我的学生叶菊菊、杨成宇等同学为我打字校稿等工作所付出的辛勤劳动。感谢在此书中所引用其观念和看法的作者们，感谢他们的辛勤劳动，再次一并谢过。最后感谢好友中国财富出版社王淑珍女士，为本书的策划和编辑所付出的努力和贡献。

王中华

2016 年 6 月于贵州师范学院逸夫楼